LOS SONIDOS DE LAS TURBULENCIAS

LOS SONIDOS DE LAS TURBULENCIAS

RAÚL POVEDA CASAS

La creación musical desde la perspectiva del caos y la complejidad

Los sonidos de las turbulencias
La creación musical desde la perspectiva del caos y la complejidad

ISBN: 978-958-48-8546-3

Primera edición: marzo de 2020, Liberatura ediciones
Segunda edición: enero de 2021

Correcciones: Avelino Niño Rodríguez
Fotografía de la cubierta: Camilo Monery Quimbay
Diseño de cubierta: Luz Dary Poveda Casas
Fotografía de autor: Angie Natalia Vega Martínez,
IG: @angie_da_vega
Diseño y diagramación:
Carlos A. Almeyda -DIRECCIÓN ÚNICA

Agradezco, sobre todo, a la vida misma,
por llevarme por los complejos caminos del caos.

LAS IDEAS QUE INSPIRARON el abordaje de esta obra provienen, justamente, del caos en el que la vida me había ubicado por el año 2012, mientras me encontraba cursando la maestría en Creación musical, nuevas tecnologías y artes tradicionales en la Universidad Tres de Febrero en Buenos Aires, Argentina. Fue –gracias a un cambio radical de estilo de vida, de lugar, de interacciones sociales y, sobre todo, a la nueva visión que me aportaron mis docentes sobre la creación musical–, que comencé a irrumpir en los paradigmas del caos y la complejidad como generadores de creaciones artísticas. Tras una ardua investigación, marcada por múltiples procesos de ensayo y error, las turbulencias se disiparon y la obra está finalmente forjada.

HAY MOMENTOS EN LA VIDA en los que un único acontecimiento, completamente inesperado, cambia las coordenadas de la existencia para siempre. En ese marco de referencia, aparece en la mente de alguien cuyo espíritu aventurero le impide "ocuparse con reposo de lo que violento se apodera de su alma",[1] la extraña idea de escribir un libro.

Alentado en lo más profundo por esas inmensas y a veces dolorosas lecciones de la existencia, nutrido con ese aliento explorador resultante, Raúl Poveda Casas se embarca en un proyecto muy particular: navegar en *Los sonidos de las turbulencias*, en ese espacio que se genera entre el orden y el caos desencadenante de los múltiples e inesperados aleteos de mariposa que hacen del arte el espacio más propicio para la creación de las fuerzas simbólicas más capaces de desplegar todas las formas de la vida.

Para lograrlo, en primer lugar, el autor se da a la tarea de recorrer los senderos trasegados por la armonía, la melodía y el ritmo, desde los orígenes más remotos en el mundo antiguo, pasando por los egipcios, los griegos, los romanos, los cantos gregorianos, los renacentistas, el mundo moderno, la postmodernidad, los grupos de rock, hasta las formas más extravagantes e inesperadas con las que hoy se hacen composiciones musicales.

Por supuesto, no resulta fácil decodificar, entender e interpretar tantos símbolos e íconos manejados a través de la his-

---

[1]   Pensamiento de Carl Marx parafraseado aquí.

toria; ni mucho menos, las intencionalidades ocultas en sus pentagramas, cánones, rituales, tradiciones y costumbres. Por lo tanto, Raúl se toma todo el tiempo para explorar los referentes más significativos, hallados en los autores que se destacan por su interés por dilucidar los significados entretejidos en las tramas de la vida sonora.

Para el autor de este libro, y con base en esas premisas, la música se ha desplazado inexorablemente por los complejos vaivenes entre el orden y el caos. Demostrado, no solo desde la perspectiva de las fuentes consultadas, sino también desde la observación atenta de la naturaleza, a la que considera fuente de inspiración en la creación de todas las formas del arte.

En segundo lugar, indaga por las características de esos mundos en los que se gestaron tantos sonidos; Sociedades, culturas y países que hallaron en la expresión musical el instrumento preciso para la legitimación de sus estructuras sociales, de sus sistemas económicos y de sus vínculos más recónditos. Allí encuentra las explicaciones de las formas, géneros, estilos y gustos sonoros.

Entiende el autor que la cuerda en la que se vibra depende de los mundos que se habitan, y que cuanto más simple sea la dimensión en la que se vive más precaria será la configuración mental del oído que escucha. Motivado profundamente por este misterio, presente en el comportamiento de las ondas, otea hasta el último rincón para responder a tan acuciantes preguntas, surgidas de estas indagaciones.

Completamente apasionado por el deseo de entender el fondo de la visión sonora, en tercer lugar, el músico se dedica asiduamente a la decodificación de los conceptos más sobresalientes del multiverso sonoro; sabe que no se puede quedar en la superficie, con la fría información descriptora de objetos por fuera; necesita también introducirse en lo que sostiene, fundamenta y ayuda a transformar la realidad: los conceptos y los paradigmas ¿Cómo puede definirse la música, la cultura, el orden, el caos, la composición, la realidad, la sociedad? Comprende perfectamente que es imposible aspirar a lo nuevo si se carece de los soportes que, aunque efímeros, pueden sostener los pasos dados en cada viraje vital. Especialmente, en lo que tiene que ver con las mayores necesidades humanas, como la afectividad, el conocimiento y la creación.

Finalmente, armado con todas las herramientas disponibles, "con todos los juguetes" –como se diría hoy–, el autor nos ofrece un ejemplo muy bien ilustrado acerca del proceso de composición musical, su propio proceso, marcado por la convicción profunda de las inagotables posibilidades que se abren al artista, y particularmente al músico, en el campo de la creación haciendo uso de los medios que le brinda el caos, si aprende a usarlas inteligente y afectivamente. Recursos tales como las estructuras disipativas, el aleteo de la mariposa, los vórtices, los rizomas, los fractales, los atractores, las polifurcaciones, sustentados todos ellos en la revolucionaria y transformadora física cuántica. Y, cómo afirma Raúl al final del libro: "Al explorar más posibilidades de creación musical, es decir, lo ordenado, lo complejo o lo caótico, el creador puede generar otras formas de arte, tal vez, más sinceras y propias."

Entonces, vale la pena, querido lector, tomarse un tiempo de su agitada vida para conversar con un novel autor que se arriesga a expresar sus ideas y sentimientos alrededor de la música, una de sus pasiones más sentidas, a través de un medio un tanto complicado en estos tiempos, el libro.

Sin embargo, atreverse a encender una luz en la oscuridad, aun en medio de tantos ciegos, vale más que cerrar los ojos ante la lluvia de escombros de la civilización, que se precipitan amenazantes sobre los más caros sueños humanos.

AVELINO NIÑO RODRÍGUEZ
Bogotá, julio de 2019

LA MOTIVACIÓN

"Para que algo pueda ser decible,
primero tiene que ser imaginable".

DÉBORAH GARCÍA BELLO

ANTES DE COMPARTIR CON EL LECTOR las razones que me llevaron a escribir este libro, expondré un panorama general de mi recorrido por los caminos del arte y de la docencia, con el fin de facilitarle la aproximación al contexto confluyente en lo que integraría los planteamientos expuestos, más adelante, en relación con la música, el caos y la complejidad.

Inicialmente, he de decir algo puesto al descubierto en la actualidad: para el músico principiante, inquilino del mundo occidental, elegir el sendero de la música como posibilidad de vida, no es tarea sencilla. En nuestro contexto, la abrumadora presión social nos empuja, principalmente, hacia la productividad y el consumo en procura de felicidad momentánea, y el pensamiento del artista musical y su trabajo pierden su valor intrínseco. Como resultado de ello, *lo artístico* no es apreciado por el común de las personas como una ocupación seria o viable, sobre todo, en términos económicos o profesionales, pues se ve como un simple pasatiempo. Esta es una época de fragmentación y egoísmo extremos, desdibujante de los sueños de libertad, donde las dudas frente a tan importante decisión son, simplemente, inevitables.

Puesto que el arte, también, se convierte en un producto con fines comerciales, se aprovecha como una herramienta de manipulación de masas por los detentadores del poder. En ese sentido, tristemente, lo artístico, que durante toda la historia humana le dio alas a nuestros sueños y nos ayudó a relatar lo vivido y a entretejer fuertes vínculos sociales y personales, con el actual dominio del sistema de consumo, ya no se considera como el conjunto de creaciones humanas posibilitadoras del despliegue de la creatividad, de la vida y del avance del conocimiento, sino, más bien, se reduce a mero entretenimiento.

Resultado de ese estado de cosas, yo también fui víctima de aquel sistema de creencias imperante y, haberme decidido, ya sobre los 20 años de existencia, por el quehacer musical (y otras formas de arte a las que también me dedico) fue, por decirlo de manera sencilla, consecuencia de procesos complejos que, a continuación, intentaré explicar.

Transcurría el año 1998 y, al ingresar a la universidad, como muchos músicos neófitos, estaba lleno de sueños y curiosidad por el arte musical, a pesar de la incertidumbre, mencionada antes, sobre un destino poco prometedor de vivir de la música, o de ser profesor. En mi interior, deseaba profundamente recorrer ese sendero, pues abrigaba la esperanza de poder construir, con lo aprendido, mi propio acto de habla artístico y que este se manifestara a través de obras o interpretaciones conmovedoras para el público.

Inesperadamente, desde los primeros semestres de estudio, comenzaría a enfrentar un problema que me acompañó por años: no percibía una relación clara entre mis gustos musicales, (orientados hacia el rock, el blues, el metal, la salsa y pop en inglés) y los contenidos que debía cursar en la universidad: supuestos fundamentos teóricos y prácticos de la música europea antigua, clásica, moderna y contemporánea (solfeo, guitarra clásica, piano, canto lírico, etc.). Si bien, las músicas que yo escuchaba manifestaban ciertas influencias posiblemente provenientes del trabajo de grandes maestros como Bach, Beethoven, Mozart, entre otros (en términos de forma, utilización de escalas, armonías o progresiones, etc.), yo no encontraba el camino *correcto* para desarrollar mis propias creaciones. Las inquietudes alrededor de la creación musical y la composición comenzaron a rondar mi cabeza pero decidí continuar estudiando, supuse que la anhelada comprensión de aquellas cuestiones la encontraría más adelante.

En ese proceso, desarrollé algunas composiciones como ejercicios de clase. Se trataban, en muchos casos, de intentos de hibridar aquellos mundos de los que hablé anteriormente, dando como resultado lo que hoy día llamo mis "Frankenstein": una especie de combinación de rock y metal con lo sinfónico, con melodías y armonías depresivas, cuyos formatos, básicamente, incorporaban sonoridades de cuerdas frotadas, coros líricos y la formación tradicional de banda de rock, compuesta por guitarras eléctricas, bajo, teclados y batería. Recuerdo, con agrado, que muchos de mis maestros y compañeros de la Universidad Pedagógica me acompañaban y colaboraban sin cobrarme ni un peso y, de hecho, fue con una obra, en la que participaron más de treinta personas llamada "Más allá" que di por culminado mi trabajo compositivo con una ovación del público en las muestras finales de composición. Ese día me sentí un verdadero compositor.

Finalmente terminé mi carrera y salvo mi exitosa presentación en la universidad y otros intentos aislados de composición, la esperada correlación entre los contenidos en los que me había instruido y el deseo de crear mi propio acto de habla musical nunca llegó. El rock sinfónico me había dado una pequeña luz pero sentía que no era del todo la forma en que quería expresarme musicalmente.

Poco después de mi graduación comencé a trabajar como profesor de música en un colegio en las afueras de Bogotá. Ahora, los pensamientos que me habían llevado a cuestionar la vida y la música, y a atreverme a escoger los caminos del arte, estaban quedando atrás, confundidos entre niños ruidosos y enseñanza de canciones infantiles de dos acordes y melodías simples; mi objetivo de encontrar esa manifestación propia se iba perdiendo en el horizonte lejano mientras me sumergía en el mundo laboral.

Aclaro que no todo fue malo, gracias a ese nuevo rumbo, aprendí a ser un maestro como los que yo siempre quise tener, eliminando, de plano, aquello de "la letra con sangre entra", de mi manera de enseñar; comencé una ardua exploración de las metodologías de la pedagogía de la música y me motivé enormemente por la profesión docente. Comencé a desarrollar estrategias con las que los estudiantes aprendían de forma efectiva y amando lo que hacen. Hasta la fecha, he recibido varios reconocimientos por mi manera de implementar tales procesos y por los frutos obtenidos.

Pero, volviendo al asunto de mis intenciones creativas, desdichadamente, mis sueños de convertirme en un creador y compositor musical, poco a poco, se estaban estancado y las ocupaciones como profesor me consumían. Aquello tuvo una consecuencia que afecto mí salud un día de octubre de 2011 cuando sentí un fuerte dolor en el hemisferio derecho de la cabeza y fui hospitalizado. Básicamente, mi cerebro colapsó. Luego de varias pruebas y estar internado durante un mes (e incapacitado laboralmente por dos meses más), los médicos determinaron que se trataba, tan solo, de estrés acumulado.

Lo bueno fue que durante ese episodio tuve suficiente tiempo para volver a reflexionar sobre aquellos temas abordados cuando estaba en la universidad, solo que, ahora, con una diferencia sustancial: al ver mi salud en riesgo encaré, por primera vez en serio, la posibilidad de morir y, al ser consciente de lo efímero de la existencia, tomé determinaciones radicales, como dejar mi trabajo e irme a estudiar al exterior para perseguir los sueños que se quedaron olvidados en el camino. Literalmente, lo que me sucedió fue una epifanía, una perturbación que apareció de forma inesperada en mi vida y que, luego, generaría los cambios que me llevaron a una mejor comprensión de los caminos del caos y la complejidad. Desde ese momento todo lo que había estudiado, vivido y pensado, fue trastocado.

Al llegar a Argentina y comenzar a introducirme en los terrenos de la música electroacústica y los instrumentos autóctonos de América, todos los referentes de mi educación musical occidental empezaron a entrar en conflicto con lo nuevo que descubría. Si antes no hallaba relaciones claras entre mis deseos como músico y lo que había estudiado, ahora mucho menos, porque todo con lo que me estaba encontrando, ni siquiera encajaba en los patrones y modelos aprendidos: Una formación universitaria que se había desarrollado desde los horizontes de la modernidad (donde la música es y debe ser ordenada y fundamentada desde y hacia la razón, manifestando orden y permanencia y procurando embellecer la forma con una técnica impecable, como el canto llano o las sonatas y sinfonías) batallaba con los contenidos que, ahora, abordaba en la maestría: Sonidos etéreos, sin tonalidad, sin ritmos claros, modificados con el uso de herramientas digitales y efectos análogos, etc.; si bien mis nuevos maestros hablaban de orden, éste no tenía nada que ver con los fundamentos rítmicos, melódicos o armónicos que yo había aprendido. Era un universo absolutamente nuevo y muy raro ante mis oídos. Por supuesto, en cuanto a mi deseo de manifestar contenidos simbólicos, la confusión fue mayor porque no tenía ni la menor idea de cómo articular algo en estos lenguajes, para mí, desconocidos; sentía que si no había logrado gestar mi propio acto de habla con lo que más o menos conocía, ahora menos, con lo que desconocía en absoluto. El asunto dio muchas vueltas en mi cabeza porque los nuevos referentes requerían construir una visión paradigmática distinta de la música y, me atrevo a decir, de la vida.

Tuve que empezar por cambiar la metodología de análisis de las cosas en términos de la razón hasta hallar un nuevo entorno: el mundo del caos, la complejidad, la relatividad, la física cuántica, lo inefable y lo metafísico, donde la exploración de las cosas adyacentes y del universo que habitamos dependen de las relaciones entre los elementos y del punto desde donde se miren. Allí las cosas ya no *son*, simplemente, sino que pueden constituir entramados complejos externos e internos en los que sus *mundos* pueden interactuar. Artísticamente, adentrarme en estas perspectivas me pareció fascinante, esencialmente porque, en ellas, el contenido y la forma conforman una simbiosis y no constituyen elementos separados.

Desde esa visión, crear música no se trataba de abandonar por completo los parámetros de ordenamiento occidentales (orden, equilibrio, belleza y perfección), sino que, ahora, se complementaban con los nuevos referentes. Toda esa interacción y cantidad infinita de posibilidades me hizo pensar en cosas como las formas en las que se despliega la vida en la naturaleza o la operatividad de algunas dinámicas de la existencia y su relación con la creación musical. Pensé en la música como un campo fértil que abre posibilidades a nuevas experiencias humanas, donde el contacto y la exploración del mundo, externo e interno, puede establecer bases del conocimiento e inesperados hallazgos inimaginablemente profundos. Ahora, la intención de generar mi acto de habla abordaría con brío estos nuevos terrenos.

Inspirado en la audición de piezas que hacíamos en la maestría y en las palabras de mi maestro, el compositor y director Alejando Iglesias Rossi, quien afirmaba: "Cada instrumento debería sonar diferente, expresar el alma de la forma más fiel posible. Y cada alma es única", comencé a construir lo que llamaría mí *no lugar*: un espacio-tiempo abierto a la fluctuación, a la construcción y deconstrucción continua, donde yo mismo seleccionaba los elementos a incluir, bien fuera extraídos del mundo del orden que conocía o del nuevo sendero que ahora transitaba, y bajo la premisa de que las cosas salen bien no por haber sido planeadas, sino porque fluyen y se despliegan de forma natural.

En el aula de creación musical las posibilidades se ampliaron y comencé a ingresar en un mundo de caos y de complejidad, donde la zona de aprendizaje cobraba valor por sí misma y se podía concebir lo creado sin miedo al error (que usualmente en el mundo del orden es inadmisible), pues el objetivo era generar un espacio de exploración e improvisación que surgía para manifestar contenidos simbólicos que, a su vez, también podían ser cambiantes. Uno podía *equivocarse*, pero como parte de los procesos de búsqueda y con respecto al criterio propio y no de algún patrón preestablecido; los maestros nos guiaban, justamente, hacia esa búsqueda propia y mi trabajo creativo ya no trataría, simplemente, de cambiar la sonoridad de un instrumento o ejecutarlo virtuosamente para *embellecer* una obra, sino que se enfocaría en ampliar mis horizontes expresivos y simbólicos. Mi vida había cambiado, así como mi manera de abordarla: ahora, todo era más complejo pero, a la vez, más claro; había encontrado el camino para construir mi anhelado acto de habla, aunque el sendero apenas comenzaba y, en adelante, atravesaría por rutas inestables y cambiantes, en procesos erráticos en los que aparecían nuevas preguntas y nuevos retos. Pese a que actualmente me dedico, por completo, a la labor docente, mi deseo de compartir, profusamente, esa experiencia constituye la razón profunda por la que escribí este libro.

INTRODUCCIÓN

RESPECTO A LA MÚSICA, muchos nos hemos preguntado: *¿Qué tienen los sonidos y sus relaciones que nos fascinan tanto? ¿De dónde proviene tal magia que hipnotiza y nos lleva a estados difíciles de explicar?* En lo personal, encontré algunas respuestas satisfactorias gracias a la nueva visión de la que hablé anteriormente y al observar la naturaleza. Para lograrlo, abordé el hecho musical como ciencia y también como arte hasta encontrar muchas similitudes que intentaré exponer en este trabajo.

Pero, para comprenderlas, primero necesitamos penetrar en la naturaleza de la música como sistema y como fenómeno sonoro, es decir, analizar los resultados obtenidos al combinar los sonidos, repetirlos, cambiarles la intensidad o modificar su altura y timbre, etc. (tal como se estudian otros fenómenos físicos, como la gravedad o la aceleración), y segundo, comprender la creación musical como una forma de manifestación de significados simbólicos por parte del creador artístico. Hablamos de un proceso de deconstrucción que implica estudiar fenómenos físicos como frecuencias, reiteraciones y energía audible en movimiento, percibidas e interpretadas por nuestro cerebro y de cómo aquellos productos manifiestan contenidos metafísicos que pueden considerarse arte.

Desde esta perspectiva, el sonido no se abordará como un elemento físico carente de significado, sino como una vibración acústica ligada a la sensibilidad profunda del creador musical y proveniente de su propio criterio de selección. La música, por su parte, la entenderemos como la construcción sonora que emana del interior del creador musical, convertida en una obra que otros pueden disfrutar. Por último, al proceso creativo desarrollado para construirla, ya sea divagando entre el orden (siguiendo métodos o modelos previos) o el caos (lo que pareciera ser desorden o azar) lo llamaremos creación y composición musical.

Con base en ello, presentaré los aspectos más sobresalientes y los resultados de la investigación adelantada sobre algunos procesos de creación musical, en relación con la visión paradigmática del orden, el caos y la complejidad, con el fin de poner de manifiesto ciertas analogías o coincidencias halladas entre diversos fenómenos presentes en la naturaleza y la creación musical. Tal manera de abordar estas cuestiones, también, se ejemplifica con un análisis de mi obra electroacústica "Senderos de soledad y abismos, entre cuerdas, penurias y calma".

Para lograrlo, exploraremos significados y nociones de orden, caos, complejidad, universo, creación musical, creatividad, entre otros, desde diferentes miradas populares, académicas y cosmogónicas, teniendo en cuenta la variación de la percepción y conceptualización, dependiendo de factores como los personajes, contextos o el momento histórico para luego asociarlas con los actos creadores musicales.

Con el fin de darle solidez a los planteamientos que se sugieren, presentaré ejemplos de comportamientos estudiados de la naturaleza (vibración, movimiento, reiteraciones, auto-organización, mixturas sonoras, etc.) que expertos en diferentes áreas agrupan como ordenados o caóticos, para luego, intentar relacionarlos con fenómenos presentes en el sonido y en los actos de creación musical. Todo ello con el fin de que el lector pueda visualizar los elementos del orden, el caos y la complejidad que pueda encontrar en una obra musical y que perciba la función que cumplen en el despliegue de la misma. Para los creadores, compositores, estudiantes o intérpretes de música, aspiro a que la comprensión de estas presencias y esta mirada, pueda enriquecer su panorama contemplativo y le favorezca en la ampliación de sus posibilidades creativas.

Partiendo de ese objetivo, aclaro que este es un trabajo científico, pero no desde la mirada positivista de las ciencias duras (física, matemática, etc.). No pretende, por ende, establecer postulados irrefutables, sino que materializa el deseo de compartir las experiencias y resultados producto de un trabajo investigativo, para plantear relaciones que me resultaron interesantes. Dejo constancia, entonces, de que esta obra NO pretende ser un trabajo de divulgación científica en el sentido estricto, sino una construcción artística que tiene en cuenta elementos estudiados por la ciencia a manera introductoria, y si el lector desea profundizar en tales aspectos puede remitirse a obras especializadas como, por ejemplo, *Teoría del caos y la compeljidad* de Sergio Regules, *Las leyes del caos* de Ilya Prigogine o muchos otros.

Esclarecido ese punto, daremos inicio a este recorrido, precisamente, hablando sobre la relación entre la ciencia y el arte, para establecer un panorama de cómo el universo artístico musical comenzó a construirse a nivel general y, paralelamente, a nuestro camino como especie.

En ese recorrido, se mencionarán algunos elementos articuladores de los estudios del orden (sobre todo, de la música occidental) que sugerían una especie de armonía *perfecta* del universo con la pretensión de *alejarse* del caos, y además, exploraremos algunos elementos de las teorías del caos y la complejidad (vórtices, turbulencias, atractores, estructuras disipativas, fractales, rizomas, efecto mariposa, etc.) y sus más importantes exponentes desde diferentes disciplinas, con el propósito de describir sus características y cómo tales elementos se manifiestan en los procesos creadores de la naturaleza y en las elaboraciones humanas, donde, según esta visión, pueden llegar a ser inspiradores o parte del proceso de construcción de una obra artística en la creación musical. Se propone percibir la dicotomía entre lo ordenado (aquellas ideas que buscaban encontrar leyes) y fenómenos sonoros que manifiestan comportamientos erráticos que eluden la regularidad. Asimismo, lo complejo se analiza partiendo de que todo afecta a la obra y que la cantidad de variables que interfieren o participan en ella, es incalculable. Se sugiere la observación de tales elementos, en una obra (desde su intención y formación hasta su audición), para intentar descifrar, en el nuevo universo creado, la "consonancia" o "disonancia" con las vibraciones propias de su creador en tanto *gesto propio* que sigue transmutando.

Como complemento a las descripciones mencionadas, hablaremos, también, de la configuración del oído y de los nuevos universos creados gracias a las nuevas formas de escuchar, es decir, haremos un recorrido desde las primeras manifestaciones musicales, hasta los experimentos contemporáneos de búsqueda de libertad compositiva y escape de los ordenamientos establecidos por la historia. Se plantea la de-construcción de los elementos del orden musical y su transmutación hacia el *caos* en la creación musical actual. Para ejemplificarlo, expongo el análisis una obra personal así como la descripción de algunas obras de compositores que, según lo planteado en este trabajo, utilizan explícita o implícitamente, las coordenadas del paradigma del caos y la complejidad como soporte compositivo. Se pretende señalar, mediante las relaciones expuestas, que el todo no es sólo la suma de las partes, como lo sugiere el mundo del orden, sino una totalidad de vínculos e interacciones entre ellas. En ese ejercicio, se describen los procesos creativos, haciendo énfasis en los elementos que demuestran las analogías en relación con el paradigma planteado, relatando, en forma detallada, las ideas que dieron origen a las sonoridades, la forma cómo se manipularon y plasmaron y, finalmente, cómo en su totalidad conforman el anhelado acto de habla propio del compositor.

Seguidamente, tras deducir que la complejidad es probablemente inherente a la mayoría de procesos creadores (y que el caos como tal se presenta solamente en procesos muy particulares), se exponen las conclusiones, hallazgos y propuestas resultado de todo el proceso investigativo.

Finalmente, con el objetivo de fundamentar mejor todo lo expuesto, en la sección de anexos, podrán encontrarse algunas entrevistas realizadas a personajes que trabajan en ámbitos diversos como la ciencia, la filosofía y la música, y cuyas trayectorias tienen que ver de manera indirecta o directa, con los paradigmas aquí planteados. Poner de manifiesto sus experiencias propone, por una parte, invitar a conocerlas y, por otra, que los contenidos de tales aportaciones puedan constituirse en ayuda para una mejor comprensión del caos y la complejidad en general.

CAPÍTULO I

BALANCEÁNDOSE ENTRE EL ORDEN Y EL CAOS

"La ciencia no es una materia que estudias en la escuela. Es la vida misma. Estamos envueltos por ella, en ella, con ella".

NEIL DE GRASSE TYSON

COMO YA MENCIONÉ, actualmente el ser humano de occidente se encuentra obsesionado por la productividad y la competitividad. En su afán de alcanzar el éxito busca la especialización y trata de evitar las distracciones a toda costa. Como consecuencia, aprender sobre otros temas que, aparentemente, no se relacionan con su trabajo se suele asociar con simples hobbies o pasatiempos y el resultado es que muchas personas pierden, por una parte, la capacidad de asombro y contemplación, y por otra, la habilidad de relacionar diferentes áreas del conocimiento.

Por ello, un objetivo primordial de este trabajo es, precisamente, posibilitar la expansión de los límites de nuestra mente en relación con tres campos: creación, ciencia y arte, advirtiendo que no solo tienen muchos elementos en común sino que, además, son permeables el uno del otro. La intención es que el lector encuentre puntos de contacto entre ellos pero, aclaro, siendo muy conscientes de que los planteamientos aquí expuestos están abiertos a la discusión y a su libre interpretación: esta obra, como ya se dijo, no pretende establecer premisas incontrovertibles en ninguna de estas áreas sino, más bien, compartir una visión que considero me aportó, en gran medida como músico, artista y docente, la cual se ha convertido en una piedra angular para mi trabajo. Se trata de una invitación a adentrarse en un camino contemplativo de la creación musical, desde la visión paradigmática del orden, el caos y la complejidad, para encontrar diferencias o similitudes con los procesos de creación musical que enriquezcan su percepción sobre los contextos y relaciones que puedan darse.

En ese sentido, partamos abordando algo que es ampliamente sabido: en lo musical, igual que en otros ámbitos, muchas veces quienes determinan los límites entre lo ordenado y lo caótico son quienes *están al mando*: personajes que han logrado diversos tipos de validación por su reconocimiento o trayectoria, suelen establecer géneros (generalizaciones[2]) y atravezar tales fronteras, se exponen a consecuencias aplastantes que, como diría el filósofo Dario Sztajnszrajber, los relega al lugar de la monstruosidad y la anomalía[3].

Por ello, intentaré entrelazar los caminos de la ciencia y el arte para estudiar tales fenómenos en relación con los actos creativos, aun sabiendo que no es una tarea fácil: ambos términos (ciencia y arte) han sido cambiantes durante el transcurso de nuestra historia; en ocasiones, han adoptado características muy similares y, en otras, muy separadas. Teniendo en cuenta ello, partiremos de la comprensión más general de cada una para luego adentrarnos en terrenos más específicos.

---

[2]   Cosmocentristas en la antiguedad, teocentristas en la edad media, antropocentristas en la modernidad, etc.

[3]   Dario Sztajnszrajber, filósofo argentino, parafraseado aquí de su conferencia "El género en disputa". Disponible en: [https://www.youtube.com/watch?v=uwkRrgCGwiA&t=2136s].

¿CIENCIA VS. ARTE?

Como sabemos, la ciencia comprende diversas actividades humanas relacionadas con los intentos de comprensión del universo. También, durante mucho tiempo buscó establecer categorías, leyes y teorías para lograrlo. El arte, de otro lado, tiene que ver con los procesos y resultados afines al dominio de diferentes materiales y el cuerpo, y cuyo intento, en la mayoría de los casos, consiste en manifestar contenidos simbólicos difíciles de comprobar, además, tampoco es su intención hacerlo. En apariencia, estos dos campos de conocimiento se moverían en terrenos incomparables, por lo que se hace necesario analizarlos un poco más en detalle. Al respecto, Rosa María Ravera dice: "es muy posible establecer relaciones entre estos fenómenos en nuestros días permanente objeto de investigación científica y las realizaciones del arte. En tal sentido vamos a anotar algunos breves señalamientos, convencidos de que el arte, la ciencia y la filosofía son lenguajes específicos dotados de ciertas correspondencias" (Ravera, 1998).

En esencia, tanto arte, como ciencia, procuran producir una realidad que antes no existía. Llámese a esto crear, inventar o descubrir. Adicionalmente, tienen como base la exploración y la curiosidad. La primera, como ya dijimos, se orienta a la producción de realidades u objetos dentro de lenguajes simbólicos y representativos y, la segunda, se encamina hacia frentes como el descubrimiento y la comprensión de los misterios del universo, el desarrollo tecnológico y la conformación de modelos, teorías y paradigmas. En esos recorridos, aparecen términos de uso común, similares en ambos terrenos: se habla de materia, estructura, forma, composición, proporción, textura, mezcla, equilibrio, cantidad, frecuencia, ritmo y muchísimos más. Partiendo de allí, ya no son dos formas de conocimiento tan alejadas.

Por otro lado, la diferencia más palpable entre las dos radica en la exigencia de procedimientos y protocolos provistos de verificación y repetitividad de los resultados, del método científico tradicional; pero en el arte, suele buscarse la originalidad de las creaciones, para ser contempladas y disfrutadas, y no analizadas en términos científicos.

Lo que separa estos dos mundos tiene que ver con los elementos de validación de cada uno, porque ahí si son muy diferentes: yo no puedo determinar si estoy un 83% asombrado con una obra; a pesar de que con la ayuda de las máquinas adecuadas se puedan observar las reacciones de mi cerebro. Hay elementos físicos medibles para la ciencia, pero también, otros (digamos metafísicos), resultado de la complementariedad de relacionar lo físico con lo simbólico.

Afortunadamente, en la actualidad, la ciencia no es tan intolerante y aborda diferentes perspectivas: Ya no tiene como prioridad la determinación de modelos, sino la comprensión de las individualidades, porque se dio cuenta de que, en escalas superficiales, se puede generalizar, pero en el trasfondo de las cosas existen comportamientos complejos y diferencias abismales. Un ejemplo de ello son las leyes de Newton; aplicables y comprobables en la escala de la cotidianidad humana (recordemos la historia de la manzana), pero inaplicables en tamaños más pequeños que los atómicos, o tan grandes como los del espacio-tiempo del universo lejano (como tratar de comprender qué sucede al interior de un agujero negro).

Por ello, para nuestro análisis, abordaremos algunas de las primeras manifestaciones artísticas para, poco a poco, ir asociándolas con la naciente comprensión de los fenómenos naturales por parte de algunos grupos humanos, con el fin de visualizar las resultantes hibridaciones científicas y mitológicas en diferentes concepciones cosmogónicas.

¿CÓMO FUE QUE NOS CONVERTIMOS EN ARTISTAS Y CIENTÍFICOS?

Según el historiador Yuval Noah Harari, las primeras manifestaciones artísticas registradas datan de hace más de 30.000 a 40.000 años. Dentro de los hallazgos más conocidos, encontramos pinturas rupestres, artefactos decorativos, instrumentos musicales y prendas de vestir; todos ellos con características que apuntan a criterios *estéticos* que iban mucho más allá de lo funcional. Los expertos creen que el ser humano iba dotando de características simbólicas a sus producciones, asociándolas con experiencias, sentimientos o espíritus en los que creía. En ese recorrido transitado por las diferentes especies humanas y enmarcado por la fluctuación de condiciones adversas y favorables, la curiosidad y sus intentos de comprender el universo que habitaban, comenzaría, por razones desconocidas (o que tan solo podemos especular), a generar ciertos ordenamientos que redundaban en experiencia y técnicas que mejoraban su trasegar. Fue un camino impresionantemente largo de ensayos y errores que, inclusive, llevó a la desaparición de muchos grupos humanos. Las ciencias, por su parte, se tardarían milenios en desarrollarse hasta la enorme revolución que comenzó hace tan solo unos 500 años (Harari, 2014), y gracias a la cual la humanidad hoy es capaz de combatir enfermedades, lanzar naves al espacio y comunicarse entre sí de manera instantánea con otros que se encuentren al otro lado del mundo. En occidente, por ejemplo y, seguramente, debido a las maneras que los griegos nos aportaron hace más de dos mil años de organizar el mundo[4], iniciaría el imperio de la razón y la ciencia establecería categorías y conceptos. En filosofía, gracias a los juicios expuestos en la "crítica de la razón pura" del pensador

---

4 Véase entrevista con Méndez Góngora en la sección de Anexos.

Immanuel Kant[5], determinarían que algo *es* y, a su vez, que *no es*, conformando una visión que, durante siglos, se ha venido reforzando en muchos campos del conocimiento. Se estableció el método científico y en las artes, por su parte, las técnicas[6]. Para mi maestro Avelino Niño[7], "la ciencia aristotélica de los universales llegó a su máximo grado de esplendor con el mundo moderno y el método científico positivista". Todo lo que no encajaba en esos modelos, era considerado incorrecto o impreciso.

Pero tales modelos han venido cambiando con los aportes de las nuevas generaciones y con la humanidad cada vez más globalizada. Se han dado interacciones que han enriquecido los discursos y los conocimientos, y del modernismo pasaríamos a una época de rompimiento de modelos que el maestro Niño describe así:

Hay una ciencia contemporánea que ha renunciado a esos universales y a sus verdades propuestas, y está actuando dentro de los terrenos de la relatividad, que ya no hace afirmaciones de valor absoluto. El arte, también se manejó por mucho tiempo, dentro de esos límites de la belleza, el orden, el equilibrio y los conceptos de las leyes provenientes de la ciencia, pero en lo contemporáneo el arte se libera de esa camisa de fuerza que le impone el ordenamiento positivista y empieza a construir nuevos discursos dentro de los terrenos del caos y la complejidad; comienza a actuar dentro del mundo de la relatividad[8].

---

[5] Immanuel Kant: filósofo prusiano de la Ilustración. Fue el primero y más importante representante del criticismo y precursor del idealismo alemán. Es considerado como uno de los pensadores más influyentes de la Europa moderna y de la filosofía universal.

[6] Véase entrevista con Méndez Góngora en la sección de Anexos..

[7] Avelino Niño Rodríguez: Licenciado en lenguas modernas de la universidad pedagógica nacional; magister en filosofía, universidad Incca de Colombia. Ha sido profesor de las universidades: Pedagógica, Distrital, San Martín, Libre.

[8] Véase entrevista en la sección de Anexos.

Actualmente, ya no es acertado establecer categorías cerradas, sino comprender que existe entre los elementos a analizar una suerte de permeabilidad entre ellos que, a su vez, los modifica. Por ejemplo, volviendo al paralelo entre ciencia y arte, yo no soy músico o compositor, solamente, por el producto de mi trabajo musical, sino por las intenciones de manifestar contenidos simbólicos a través de los caminos de la música, y a su vez, esa música, no se trata únicamente de sonidos y duraciones, en tanto perturbaciones y vibraciones de entes sonoros, basadas en parámetros de organización (como la construcción melódica, rítmica o armónica), sino que comprende, además, los complejísimos contenidos que las originan.

La creación de música, entonces, involucra senderos tanto del arte como de la ciencia, en tanto que la selección de los sonidos y la manera de organizarlos, pueden llegar a responder a metodologías que podrían enmarcarse dentro de técnicas o patrones, pero, dentro de una búsqueda simbólica asociada al manejo artesanal de los elementos. Es la inimaginable complejidad del creador artístico, lo que da pie a la construcción de su obra y a su realización, valiéndose de diversas estrategias.

Por mi parte, he de decir que tengo la fuerte creencia de que lo que compone al artista no es tan solo el *saber* hacer su trabajo en términos técnicos, o una exacerbada libertad de usarlos diestramente, sino el conglomerado innumerable de las vivencias por las que ha atravesado, no por sumatoria de ellas simplemente, sino por las complejísimas relaciones que se han dado entre sí.

De todas maneras, las relaciones entre arte y ciencia, y otros elementos, siguen siendo tema de discusión y análisis desde esos tiempos inmemoriales por artistas, filósofos y científicos, quienes han intentado *establecer* cuándo y cómo una se ha valido de la otra. Por ello, en lo que sigue de este escrito descartaré, de plano, intentar presentar certezas con la rigurosidad científica positivista, no porque no las pueda haber, sino porque no es el objetivo de este trabajo adentrarse en estudios de ese tipo.

Los fenómenos de la naturaleza o de la ciencia que abordaré pueden estar presentes implícitamente en una creación musical o, simplemente, se pueden manifestar simbólicamente, a manera de inspiración o resultado. No es mi intención exponer datos, estadísticas, muestreos o experimentos para demostrarlo, sino que, sencillamente, plantearé relaciones que, para mí, fueron, más o menos, evidentes y el ejercicio de asociación tendrá como base conceptual el abordaje de los actos artísticos, en relación con otros campos, en tanto conglomerado complejo.

Para ejemplificar las relaciones que plantearé, comparto la visión de Alejandro Iglesias Rossi, músico y director de la maestría que hice en Argentina, y de la Orquesta de instrumentos autóctonos y nuevas tecnologías: él enseña a sus estudiantes que la construcción musical es, y debe ser, resultado del entretejido de muchos elementos, como los mitos, otras artes, construcciones y música, que conforman una cosmovisión en la que se enraízan las culturas. En su enfoque, el arte es el producto de la hibridación de esos elementos y, no tan solo, de la creación aislada de una sola persona. En sus propias palabras:

Desde los albores de la humanidad, estas manifestaciones han generado un corpus de conocimiento, que opera como vector espacio-temporal de la visión endógena de cada pueblo, en el cual, la música posee la entidad de actuar como pontifex entre los diversos componentes. Su rol es el de crear el discurso sonoro que aúnan el mito a la danza y, las máscaras, con la poesía, el teatro y la plástica, a través de la voz y los instrumentos que, en una configuración hipostática, encarnan la especificidad propia de cada cultura (Iglesias, 2018).

EN EL PRINCIPIO... ¿ESTABA EL CAOS?

Figura 1. La creación del mundo, sus criaturas y habitantes. 1931, acuarela sobre papel, Diego Rivera.

De las concepciones populares de caos, orden y complejidad (provenientes de la visión de la modernidad), se deduce que, primero, estaban las cosas en un *caos absurdo*, y luego, apareció el orden y armonizó todo ese desbarajuste. Ese es el principio fundamental de muchas cosmogonías. A su vez, lo ordenado podía ser destruido, lo que también se asociaba con el caos, lo catastrófico o, incluso, con lo diabólico pero, ni en el transitar humano, ni en la naturaleza, comprender estos fenómenos es así de simple. En realidad, como decía Richard Phillips Feynman, "Un sistema no tiene una sola historia, sino todas las historias posibles"[9], así que todos esos procesos atra-

---

[9] Richard Phillips Feynman: físico teórico estadounidense, conocido por su trabajo en la formulación mediante las integrales de camino de la mecánica cuántica, la teoría de la electrodinámica cuántica y la física de la superfluide z del helio líquido sub-enfriado, así como en la física de partículas para el que propuso el modelo Partón. Por sus contribuciones al desarrollo de la electrodinámica cuántica, Feynman, en forma conjunta con Julian Schwinger y Sin-Itiro Tomonaga, recibió el Premio Nobel de Física en 1965.

vesaron por la influencia de innumerables interacciones que son más complejas de lo que parece.

Por ello, para abordar el orden, el caos y la complejidad, expondré categorías generales (etimológicamente y desde otras visiones) e intentaré hallar elementos comunes (que se desarrollarán más adelante), con el fin de llegar a los que más se ajusten a los planteamientos de la presente obra pero, recordemos que, inclusive, los conceptos y percepciones, también pueden variar en cada individuo y sociedad, dependiendo de los contextos, el momento histórico y otros factores conducentes a que el mismo término pueda ser interpretado de maneras muy diferentes por sus usuarios (Goodwin, 2003). Comenzaremos por referirnos al *malo* de la película: el caos.

EL TEMIDO CAOS

En la mayoría de las culturas, la palabra caos está relacionada con situaciones de desorden, o conflictos de los cuales siempre es preciso huir, como los atascamientos del tráfico citadino, las revueltas populares, el ruido, o hasta los inesperados cambios climáticos. Se considera lo caótico como lo más alejado de lo que se desea para la vida, pues, aparentemente, los aparta de lo ordenado y de la tranquilidad. Su anhelo, entonces, será procurar el orden y el equilibrio, como un objetivo vital, tratando de que las circunstancias externas e internas se establezcan en una especie de armonía y, en caso de llegar a sentir que lo han alcanzado, mantenerlo así el mayor tiempo posible en busca de que ésta ilusión de perfección no sea perturbada.

Para la Real Academia Española, la palabra *Caos* proviene del latín *Chaos*, y éste, del griego χάος cháos que se relacionaba con "abertura o agujero". De acuerdo con lo anterior, presenta tres definiciones, según el uso de término:

1. Estado amorfo e indefinido que se supone anterior a la ordenación del cosmos. 2. Confusión, desorden. 3. Fís. y Mat. Comportamiento aparentemente errático e impredecible de algunos sistemas dinámicos deterministas con gran sensibilidad a las condiciones iniciales (RAE, 2001).

Como vemos, hablamos de amorfia, inestabilidad, confusión etc., pero, adentrándonos en el terreno científico, hay otras posiciones un poco más puntuales. Para el físico y químico Ilya Prigogine, por ejemplo, el caos es siempre una consecuencia de factores de inestabilidad (Prigogine, 1997), mientras que, para el astrofísico y filósofo español Martín López Corredoira, caos se refiere a la dificultad producto de la predicción de la conducta de sistemas físicos. (López Corredoira, 2001).

En otras palabras, el caos, como parte fundamental de las dinámicas naturales de la vida, en términos de análisis científico, surge o es producto de las relaciones inestables, entre otras cosas, no como origen, sino como consecuencia de algu-

Figura 2. Jackson Pollock. Shooting star (Estrella fugaz). Óleo sobre barniz industrial sobre tela 99 cm x 61 cm. Su obra suele asociarse con lo caótico.

na variación de las condiciones iniciales del sistema, lo que redundará en cambios monumentales e impredecibles y su más importante característica, implica movimiento, nunca quietud. Citando al docente Claudio Ongaro Haelterman: "...lo quieto se asocia con lo enfermo, pues está inmovilizado dentro de sí mismo, en cambio lo que se mueve tiene que ver con el emerger, con la salud y la búsqueda" (UNTREF, 2013).

EL ANHELADO ORDEN

El orden, al contrario del caos, y también dentro de las miradas más populares, es como el *chico bueno* del que no se esperan sorpresas infortunadas. Se puede controlar y, en muchos casos, hasta predecir. En términos de acústica, por ejemplo, son opuestas al ruido las ondas sinodales perfectas y tranquilas. He aquí algunas definiciones:

> Orden proveniente del latín ordo, -ĭnis y se trata de: 1. m. Colocación de las cosas en el lugar que les corresponde. 2. m. Concierto, buena disposición de las cosas entre sí. 3. m. Regla o modo que se observa para hacer las cosas. 4. m. Serie o sucesión de las cosas (RAE, 2018).

Entonces, orden implica la colocación de unos elementos y la existencia de un ordenador, es decir, un ser encargado de priorizar y ubicar cada cosa en su sitio. Paradójicamente, en palabras de Sztajnszrajber[10] "todo orden es un acto de violencia" en tanto que el ordenador acomoda a su antojo lo que ordena. No hay una aleatoriedad en el proceso, pero si, ensayo y error, o ensayo y acierto, lo que conlleva un método, una secuencia, así como la relevancia de los elementos y disposición de los mismos. Ejemplos de ello

---

[10] Darío Gabriel Sztajnszrajber (1968) Filósofo, ensayista, docente y presentador de televisión argentino. La frase fue pronunciada en la conferencia "El género en disputa", disponible en: [https://www.youtube.com/watch?-v=uwkRrgCGwiA].

Figura 3. Mujer meditando.

son las recetas que por milenios se perfeccionarían para que la humanidad pueda construir ciudades, cocinar, establecer los días y meses del año, dar nombre a las cosas y hasta para organizar lo que aquí nos interesa: los sonidos en lo que conocemos como música.

¡PERO, QUÉ COMPLICADO!

La complejidad, por otro lado, suele asociarse con lo complicado, lo cual resulta un error bastante frecuente en el lenguaje popular. Lo complejo comprende el estudio de los comportamientos e interacciones entre diversos elementos como parte de un sistema. Lo complicado, por otro lado, sería lo que no fluye con naturalidad, lo que es difícil. Estas son algunas definiciones:

Complejidad, proviene del latín complexus, que significa "enlazar" y define aquello que posee la cualidad de complejo es decir, que hace referencia a algo que se encuentra constituido por diferentes elementos inter-relacionados entre sí. El estudio de los sistemas complejos analiza las estructuras compuestas cuyo comportamiento y propiedades no son evidentes a simple vista. De esta manera, son el resultado de una intrincada red de operaciones simples (Significados.com, s.f.).

Figura 4. Meme de mujer calculando.

Para el físico Joaquín González, la complejidad es una forma de analizar, de reflexionar sobre determinados aspectos de la naturaleza, la sociedad y el pensamiento, los cuales presentan ciertas características clasificadas como sistemas de comportamiento complejo (González, 2009).

Del caos al orden

Para la gran mayoría de cosmogonías antes de lo creado estaba el caos o la nada, lo incierto, hasta que llega un dios y crea-ordena. Dice un mito koghi, por ejemplo: "Primero estaba el mar. Todo estaba oscuro: no había sol, ni luna, ni gente, ni animales, ni plantas. Sólo estaba el mar en todas partes. El mar era la madre".

Aquí hallamos la primera relación entre estos procesos *supra-humanos* con lo que hacemos los artistas: el acto creativo y su origen. En el arte, las ideas conducentes a la conformación de las creaciones artísticas se conocen, popularmente, como inspiración y se generan en el interior del creador artístico como producto de su relación con todo lo vivido (armonías o turbulencias), mucho antes de imprimir las primeras pinceladas o de ejecutar los primeros sonidos y escribirlos en una partitura. Luego, con la ayuda de los materiales y las técnicas, estas ideas pueden ir tomando forma en una suerte de esbozos que, como compositor, organizará, tratando de hallar una manifestación propia, es decir, procurando que la obra se convierta en su propio gesto y gestación o su acto de habla desde lo artístico.

Entonces, si la creación artística se puede relacionar, de esta forma, con la creación del universo y de nosotros mismos, ¿Por qué no pensar que, seguramente, las formas de organización que usan los artistas de los elementos de su obra puede provenir de tales cosmogonías y de su percepción de la naturaleza? Y de ser así, ¿qué tan libre es su acto creativo?

Para contestar esos cuestionamientos comencé abordando mis propios procesos creativos, tan confusos para mí en relación con los conceptos de orden, caos y complejidad, y empecé a vislumbrar que muchos elementos y, también, de las obras de otros artistas interactuaban entre sí de maneras que yo no comprendía; supuse que intentar entenderlo me aportaría en mi trabajo personal. Eso me llevó, como creador musical, compositor y hasta artista plástico aficionado, a tratar de deconstruir algunas obras para ver de qué se trataba lo uno, en comparación con lo otro, y cómo la creación musical se relacionaba desde lo que se entiende por orden y caos.

Para ello fue necesaria una indagación antropológica de los orígenes de la creatividad y de las concepciones que ya señalé, lo que me encaminó en un recorrido, bastante amplio, que incluyó tanto el desarrollo humano desde sus comienzos, pasando por diversas tradiciones geoculturales, hasta llegar a la conformación de teorías que pude relacionar entre la ciencia y los procesos artísticos. A continuación, presento los apartados, más relevantes, de dicha investigación.

Figura 5. Representación gráfica del caos para los griegos. Lotto Capoferri Tarsia Magnum Chaos.

¿Cuándo comenzamos a crear?

Como ya se dijo, las especies humanas, desde sus comienzos, fueron explorando y experimentando el mundo que habitaban. En esa aventura, movidas por la curiosidad o la necesidad, siempre han ido descartando lo que consideran que no sirve y mejorando lo que concluyen que si lo hace. Así con todo; y la música no es la excepción. Richard Rudgley, en su libro *Los Pasos lejanos, una nueva interpretación de la Prehistoria*, señala el comienzo del paleolítico superior (hace unos 40.000 años), como el momento en que surgieron los humanos conductualmente modernos, y afirma que muchos ven ese momento como un gran salto adelante en términos culturales, algo así como un "Big-Bang" cultural que significó el nacimiento del arte, la magia y la religión, además de provocar rápidos avances en la tecnología y la organización social (Rudgley, 2000).

Lo primero, para aquellos seres humanos ancestrales, fue observar el mundo que habitaban y sobrevivir. Crear, es decir, producir algo que antes no existía, hecho mediante nuevos ordenamientos vendría más adelante: lo que observaban de manera aleatoria y fisgoneando en su andar, les brindaba información, que luego, gracias al desarrollo del pensamiento creativo, se iría complejizando y organizando a través de la experiencia. La creatividad comenzaría a emerger y a brillar cuando nuestro cerebro unía ideas, recuerdos y pensamientos para producir algo nuevo, algo extraordinario a partir de lo ordinario. Crear se convertiría en algo funcional en tanto que el hombre necesitaba hacerlo y, gracias a ello, mejoraron muchísimas de nuestras interacciones con el mundo. Un ejemplo de ello fue el perfeccionamiento del lenguaje y la voz en nuestros intentos de comunicarnos con otros integrantes del grupo mediante sonidos vocales y guturales, o lo que hoy llamamos onomatopeyas: Además del habla, se desarrollarían habilidades para imitar el viento, el agua, rugidos, aullidos o el *canto* de animales para poder ahuyentarlos, jugar con ellos o cazarlos y, con ello, surgiría un deleite personal que, con el paso de los milenios, se llegaría a convertir en algo aún más complejo: el desarrollo técnico y artístico de nuestro propio canto.

El mundo que habitábamos nos desafiaba y solíamos ser muy vulnerables: Había peligros, desorden, imprevisibilidad y la manera de sobrevivir era usando nuestra creatividad. La experta en Rosa María Ravera[11] sugiere "no hay creatividad sin caos. El caos desafía, trastorna convenciones establecidas, desbarata un orden dado. Introduce otro" (Ravera, 1998).

Así, recorriendo aquel mundo desconocido, nuestras habilidades mejoraban y perfeccionábamos herramientas, técnicas y

---

[11] Rosa María Ravera: Filósofa y Semióloga. Profesora Titular en la UBA, UNLP, UNR. Miembro de Número de la Academia Nacional de Bellas Artes (Presidente 2001-2006). Presidente de la Asociación Argentina de Estética, Vicepresidente de la Asociación Argentina de Críticos de Arte. Miembro Fundador de la Federación Latinoamericana de Estética, Directora de la Revista *Gritex* y Codirectora de la *Revista de Estética* (CAYC). Autora de libros y publicaciones, entre otros, *Berni y la pintura*, *En torno a la Sociología del arte*, *Cuestiones de Estética*, *Estética y Semiótica*, *En torno a la Semiótica en la Argentina* y *El pensamiento italiano contemporáneo*. Obtuvo numerosos premios y fue condecorada por el Gobierno de Italia.

métodos para hacernos más segura y agradable la existencia. Dominaríamos el fuego y aprenderíamos a cocinar lo que comíamos. Materiales como la piedra, la madera, los huesos, los metales, entre otros, fueron convirtiéndose en materia prima de nuestros implementos y, poco a poco, tales creaciones comenzaron a ser más y más prolijas. Lo funcional y pragmático (como los utensilios, armas, prendas etc.) se iba haciendo cada vez más portátil, más estilizado y hasta, digamos, más "bonito": Las herramientas comenzaron a decorarse, empezamos a pintar, esculpir, moldear y hacer sonar cosas que vibraban y producían sonido (Malaterre, 2010). Se iba trazando el camino del orden, es decir, del control de aquello que considerábamos caótico, no únicamente ligado a lo funcional, tecnológicamente hablando, sino de la mano de nuestros nacientes criterios artísticos.

Y SE HIZO LA MÚSICA

Aparte de los sonidos que de nuestras gargantas salían en forma de las primeras melodías o de imitación del canto de los pájaros, también aparecerían junto con lo mágico y lo ritual los instrumentos sonoros. Los grupos humanos en sus esfuerzos por responder las preguntas sobre su origen y el universo que habitaban, aplicaban técnicas artesanales que condujeron a la construcción y perfeccionamiento de artefactos que producían sonidos y que se fueron complejizando[12], de tal manera, que lograron alcanzar precisión imitativa o una pureza sonora y belleza que asombraba los sentidos. En la mayoría de culturas, los encargados de la construcción precisa de esos instrumentos encaminaron sus esfuerzos en función del sonido que consideraban ideal y de las nacientes estéticas grupales y, con el paso de los milenios, el poder de las organizaciones sonoras se asociaría con ámbitos que conciernen a lo curativo, lo metafísico y lo divino. Los chamanes,

---

[12] Se han encontrado flautas de hueso, tambores, entre otros, de más de 40.000 años.

adivinos, hechiceros y demás hombres considerados como sabios en sus comunidades, comenzarían a hacer uso de las artes musicales, atribuyéndoles propiedades que, hasta el día de hoy, son creídas y reverenciadas por muchos de sus actuales miembros.

En esa vía, aquellas nuevas sociedades irían estableciéndose, fundamentadas en normas de ordenamiento y, así como en lo social, el arte musical también comenzaba a ser organizado. Lo sonoro musical se iría enmarcando en patrones, reglas e interpretaciones de consonancia, disonancia, medida, afinación, simetría, entre otras, con diferencias particulares, dependiendo de cada grupo; tanto, que en muchas culturas la música adquiriría dimensiones arquitectónicas, que exigían de los intérpretes y compositores, el conocimiento arduo y profundo de las técnicas y de los patrones establecidos. El mundo del orden se iría estableciendo en diferentes latitudes, en la búsqueda de la armonía y el equilibrio y lo considerado fuera de tales organizaciones solía ser relegado, rechazado o incluso castigado.

LA CREACIÓN: EL ORDENAMIENTO DEL CAOS

Gracias a la enorme cantidad de evidencias encontradas de aquel trasegar humano en el que se desarrollaron, paralelamente a nuestro pensamiento y la conciencia propia, adelantos técnicos ligados a contenidos que iban de lo pragmático a lo simbólico y metafísico, podemos inferir que aquellos videntes, magos, chamanes y sabios, de los que hablamos anteriormente, ayudarían a conformar entramados de creencias, cuyos temas fundamentales abordarían las cuestiones sobre ¿Quiénes somos? ¿De dónde venimos? ¿Cuál es nuestra misión o el propósito de nuestra existencia? y una que, en especial, ha interesado desde siempre a toda la humanidad: ¿cómo fue la *creación* de todas las cosas? es decir, relatos sobre cómo fue ese proceso creador.

Para darnos luces al respecto, historiadores como Mircea Eliade nos explican que, en el transcurrir de nuestra historia, nos hemos valido de muchísimas herramientas como la ciencia, la filosofía, la imaginación y otros recursos del pensamiento para poder dar respuesta a los mencionados interrogantes (Eliade, 2001). En su visión, lo mitológico emerge en la mayoría de cosmogonías para explicar fenómenos que realmente ocurrieron, pero que no se podían comprender. Por ello, el origen de lo creado y lo que sucede al morir o, en otras palabras, los ciclos vitales, eran de suma importancia en las sociedades primitivas; y en todas latitudes se originarían historias sobre el antes y el después de la creación. Con el surgimiento de lo mitológico las nociones de caos y orden comienzan a tomar importancia en los actos creativos de sus respectivos dioses. Al respecto, Briggs y Peat, afirman:

> El caos se menciona en los primeros versículos de casi todos los textos sagrados a la hora del obligado comentario sobre la creación del mundo. En efecto, el gran mérito de la divinidad está justamente en estimular el tránsito desde el caos (entendido como un desorden sin sentido) hasta la realidad que vemos: una naturaleza llena de plantas, animales y personas, curiosas criaturas estas últimas, por cierto, capaces de maravillarse por la armonía universal (Briggs y Peat, 1999, p. 5).

Pero, ¿Qué tiene que ver la creación del mundo o de nosotros mismos con la creación musical? Para nuestro enfoque, hablar de la creación nos interesa porque nos remite a la idea de un *arquitecto creador* que organiza lo caótico y conforma una obra maestra organizada llamada creación. De alguna manera, el caos precedente tiene que ver con desorden, movimiento y cambio antecesor a lo creado y, en contraposición, aquel orden creador establece la colocación y la permanencia de los elementos, tanto en forma, como en contenido.

La diferencia, por supuesto, es que en el caso de las creaciones humanas, en comparación con las de los dioses, no necesariamente se crea desde cero; nosotros no podemos hacer aparecer las cosas de la nada como lo *hacen* los dioses, sino que creamos, juntando partes, mezclando y combinando, es decir, organizando de una manera específica lo que, a nuestro criterio, antes no tenía sentido. Nuestras obras proveen de orden a lo que, al parecer, antes estaba en caos.

Expertos como Briggs y Peat, sobre la relaciones entre orden, caos y creatividad, afirman:

Los pueblos antiguos creían que las fuerzas del caos y el orden formaban parte de una tensión inestable, una armonía precaria" y añaden: "Para el ser humano, la creatividad significa ir más allá de lo que conocemos, llegar a la "verdad" de las cosas. Y ahí es donde aparece el caos (Briggs y Peat, 1999).

En ese sentido, los actos creativos que, como dijimos, parten de un entramado de experiencias que se interrelacionan dentro de procesos complejos y emocionales, tienen como resultado, tras diversos procesos de manipulación, la obra artística creada, y su característica vital consiste en un orden que va más allá de la mera eficiencia.

La creatividad se asocia con cierta *astucia* del creador en la selección, organización y enriquecimiento de los elementos que conforman su obra. Es decir, que los actos creativos tienen su origen en las dinámicas del caos antecesor. Al respecto, Briggs y Peat señalan: "los pueblos originarios pensaban que el caos era algo inmenso y creativo" (1999).

Por ello, para ampliar nuestro horizonte sobre las concepciones de orden, caos y creatividad, es preciso dar una mirada a diversas cosmogonías y tradiciones en diferentes puntos geográficos e históricos, con lo que espero que el lector establezca una sólida base conceptual, que le servirá para comprender las relaciones que, más adelante, se plantearán con respecto a la creación musical.

Los dioses y su creación

Recabar en las historias particulares de la creación en diferentes cosmogonías resulta ser una experiencia fascinante, pero, seguramente, realizar un trabajo documental conllevaría cientos de páginas en cada caso, por lo que elegí no adentrarme demasiado en aspectos cronológicos o descriptivos de los modelos que se presentan a continuación, sino que solo se mencionarán, puntualmente, los detalles y características que encontré útiles y que se relacionan con los temas aquí tratados.

En ese sentido, partiendo del paradigma existencial de la supervivencia, asociado con nuestras incertidumbres naturales sobre lo inestable, lo errático y lo desconocido es, plenamente comprensible, la búsqueda de condiciones más favorables para nuestra auto conservación, seamos conscientes de ello o no. Como especie, pensar y actuar al respecto, aún nos mantiene poblando el planeta.

Ravera, por ejemplo, recalca acerca del orden, en un artículo para la Universidad de la Plata, cómo pensadores como Heráclito fueron de los primeros en percatarse del constante cambio de todas las cosas en contraposición a las ideas de inmutabilidad de Platón. Menciona el desarrollo del pensamiento encaminado a desenmarañar los misterios del universo y cómo en ese recorrido el hombre se debatía entre lo ordenado y lo caótico (Ravera, 1998).

Acercarnos a la comprensión cosmogónica de lo inmutable o su opuesto lo dinámico, nos aproxima a los cimientos de tales presencias en la construcción musical, asociando lo permanente con lo primero y lo cambiante con lo segundo.

Por otra parte, las creencias religiosas, los mitos y las leyendas relacionadas con lo *inconcebible* del caos y su posterior ordenamiento a manos de seres superiores a nosotros en diversas culturas, establecerían el orden como lo apacible y deseado, en oposición a los inciertos comportamientos del caos, dando origen a determinadas normas y rituales, en las que el caos, casi siempre, se asociaría como el antecesor de nuestra existencia. La creación se instauraria, entonces, como el acto creativo divino que dio origen a lo que conocemos y como la que, en un momento particular, finalmente organizó el *caos* pre-existente.

Como consecuencia, en la mayoría de tradiciones, vivenciar *el caos* vendría a ser lo que no se quiere, lo confuso y desconocido, y el orden lo que se anhelaba, lo que, a continuación, explicaré mediante algunos ejemplos:

En la religión cristiana se relata el origen del universo y el de todos los seres que en él habitan; en el Génesis (primer libro del antiguo testamento de la biblia), que significa "principio". Allí se habla de un principio donde existía el caos y en él vagaba Dios, quien crea el mundo y todas las cosas de la nada en seis días.

Manuel Portela, autor experto en temas bíblicos, hace más de ciento cincuenta años evidenció ese caos primigenio y posterior ordenamiento, al referirse al antes y después de la creación. También mencionó, citando a Moisés, otras características que suelen asociarse con el caos precedente, como la presencia de las tinieblas, y el soplo divino que nos ayudó a salir de tales fatalidades:

Moisés nos da una idea bien palpable del caos, cuando nos dice que después de la reunión de las aguas y la aparición de la seca, Dios llamó al firmamento cielo, a la tierra, seca y a la reunión de las aguas mares; lo que supone que estas cosas no existían antes de esa forma. Por otra parte, refiere que las tinieblas cubrían la faz del Abismo, y que el espíritu de Dios era llevado sobre las aguas. ¿El Abismo y las tinieblas, no nos manifiesta en un verdadero caos? ¿El espíritu de Dios sobre las aguas, no representa él mismo obrando sobre el caos? Así es que la tierra en su primitivo estado no era sino la materia universal y elemental: materia pura y simple, sin combinación y sin propiedades. La materia del caos lo contenía todo. Era un conjunto informe, un abismo de tinieblas y de moléculas elementales con que Dios iba a dar forma al cielo y a la Tierra (Portela, 1859).

En China, por otra parte, podemos observar una representación de la naturaleza caótica de la creatividad (que surge entre lo impredecible y la confusión), en la pared de los nueve dragones, donde un dragón aparece fuera de un vórtice (véase Figura 6). En su cosmogonía, estas criaturas mitológicas son veneradas por su poder, y se caracterizan por sus comportamientos erráticos asociados con lo creativo.

Observando en detalle la simbología del muro, se percibe la complementariedad entre el orden y el caos en una circularidad conocida como yin-yang (donde baile y bailarín coexisten como uno). Allí, el dragón del centro representa el inicio o principio, mientras que los de sus extremos vienen a ser los ascendentes y descendentes, respectivamente. El número nueve (el más grande de los números yang) representa el final del camino, dando lugar a un nuevo principio, en un movimiento cíclico que está lejos de ser estático o monótono (Sabiduría Eterna, 2015).

Figura 6. Pared de los nueve dragones.

En el caso de los mayas, el caos primigenio y el poder creativo, también confluyen para la creación de un mundo organizado y lleno de animales y plantas, con los que el hombre compartiría su existencia, pero el caos predecesor, de hecho, estaba muy tranquilo, con un mundo lleno de agua. Sus progenitores, Tepeu y Gukumatz, hicieron emerger la tierra y con ella animales y plantas y por último, tras varios ensayos con diferentes materiales como el barro, la madera entre otros, dieron vida al hombre (Popol Vuh, s.f., trad. 1947).

En la cosmogonía babilónica una diosa llamada Tiâmat, junto con otros dioses primitivos, encarnaban diversos rostros del caos: un dios simbolizaba la vastedad de la extensión amorfa primordial, y otro llamado "el oculto" representaba la intangibilidad y la imperceptibilidad que acechan en la confusión caótica. (Briggs, 1989, p. 12).

Para el Islam, antes de la existencia de las cosas sólo había humo, un único elemento que, así como las tinieblas, carece de forma y de vida (NatGeo, 2016). En el caso de los griegos, se presenta una de las más fascinantes ideas del Caos, pues se trata de una deidad con particularidades muy complejas, por lo que haré un especial énfasis en su descripción:

Hesíodo, uno de sus poetas más antiguos, unificó todas las características de lo existente antes del orden en un mismo elemento primordial: El Caos, que era una entidad en sí, existente antes de la existencia (aunque esto suene sin sentido) y de la cual surgieron todas las cosas. Esta figura cosmogónica, junto a otras (Gea, Urano, Crono, Rea, Océano, Tetis, entre otras), se conocían como los Titanes (Toledo, 2007).

El poeta y experto en asuntos griegos, Friedrich Georg Jünger, hace una descripción del Titán Caos así:

Todo lo que sale de Caos lleva la impronta de su origen. No importa cómo se conciba, bien sea como el espacio vacío e inconmensurable que, a decir de Hesíodo, engendra a Nix y Erebo, o como materia primordial que carece de toda forma y contiene el devenir del que proceden todas las formaciones, todo lo engendrado y conformado (Jünger, 2006).

Y aclara que no puede ser representado, pero hace parte esencial de un todo: "Caos no sólo es espacio, sino que también ocupa espacio y lo llena. Es espacio primigenio y oscuridad, y en un sentido estricto también es espacio subterráneo. Caos, como lo indiferenciado, no admite ser representado" (Jünger, 2006). En su visión, no se presenta al caos como algo sin sentido, sino como algo vivo y dinámico:

Caos no está muerto, sino vivo. La vida no brota de un estado inerte, muerto, ni de la materia muerta; ante todo existe la materia y se crea allí donde se necesita. Lo que aquí se describe son engendramientos. Caos está en vivo movimiento; a veces reposa con una calma inmóvil, a veces se revuelve con desenfrenada y furente agitación. Carece de orden y, a la vista, parece algo confuso, algo mezclado que no se

Figura 7. Diosa Tiamat.

puede distinguir ni ordenar. Aquello de lo que proceden todos los órdenes no puede estar en sí mismo ordenado. Pero no permanece intacto ni está desvinculado de las disposiciones del orden que se desprenden de él. En él repercute, en efecto, la lucha entre Zeus y Tifón, según observa Hesíodo; la derrota del fogoso Tifón aviva lo que hay de ígneo en Caos. Al comparar a Caos con Hades, vemos que en Hades el reino de los muertos ya está separado del de los vivos, mientras que Caos abarca la vida y la muerte (Jünger, 2006).

Dentro de las características de éste Titán, aparece un rasgo que se convertiría en uno de los elementos más importantes en los estudios de los eventos caóticos: lo cíclico, y su relación con el espacio-tiempo:

La fertilidad de Caos es inagotable, la gran fertilidad tiene algo de caótico. Caos tampoco se ve mermado porque de él se desprendan figuras y procedan órdenes; no se encoge. Por tanto, cabe pensar que su ser es un ciclo al que regresa todo lo que salió de él. Está siempre ahí y persiste para siempre, fuera del tiempo y del espacio. No hay principio, no hay fin. El devenir se muestra sin principio ni fin de forma que todo lo que ha devenido sale de su ciclo y a él regresa. No hay creador ni creación. Caos no es un creador, no crea nada; de él se desprenden órdenes pero da la impresión de que no fomenta ni impide este desprendimiento" (Jünger, 2006).

En la cosmogonía egipcia, también se planteaba *el caos* como lo antecedente al orden. El mundo para los egipcios, se engendró de una masa acuática primigenia indiferenciada e informe. Existieron varias versiones acerca del origen del mundo pero todas ellas coincidieron en que en principio sólo existió el caos; el cosmos no es la obra de un dios que haya existido eternamente. El caos acuático es inexplicable para ellos: es la negación del mundo presente, no se asemeja a nada de él; es el estado previo a la formación del cosmos: "antes de que existiera el cielo, antes de que existiera la tierra, antes de que existieran los hombres, antes de que nacieran los dioses, antes de que existiera la muerte". El caos era una sustancia material que los egipcios denominaron Nun, un océano sin límites:

> La oscuridad reinaba en la superficie de las profundidades, porque el sol aún no existía. Pero en el interior de aquel abismo oscuro y acuoso yacía en estado latente la sustancia primitiva con la cual se formaría el mundo. Sumergido también en algún lugar del abismo estaba el demiurgo que se encargaría de darle forma. Pero, también, el demiurgo existía sólo en potencia, no era aún consciente de sí mismo, ni de la tarea que debería llevar a cabo (Toledo, 2007).

En el hinduismo hallamos otro ejemplo de la búsqueda del orden para alejarse del caos. Allí, se cree que el alma no tiene un comienzo o un fin, sino que ha venido cambiando desde el principio de los tiempos, y su objetivo último es reencontrarse con el uno supremo, es decir el orden. Para ello, deberá pasar innumerables veces a través de diferentes vidas, en algo conocido como "Moksha" (o los ciclos de nacer y renacer que conocemos como reencarnación) a través de las cuales irá esforzándose en perfeccionarse a sí misma. El objetivo de una persona hinduista, no es volver a vivir muchas veces, sino, algún día terminar con el ciclo de reencarnaciones para integrarse con el todo supremo. En ese trasegar del alma de una vida a otra, hallamos de nuevo el elemento *cíclico*, que está también presente en otros relatos, como el que se cuenta de la danza que se da entre Shiva (conciencia, punto central, búsqueda del orden) y Shakti (movimiento, lo impredecible y lo creativo). Allí, la búsqueda de la quietud de Shiva y la necesidad de moverse de Shakti, conforman una existencia complementaria, que da como resultado la dualidad de lo que existe como uno (Sabiduría Eterna, 2015).

Como vemos, todas esas creencias y muchas otras en diferentes latitudes, dieron forma a eso temido, carente de orden y desconocido que llamarían caos, planteándolo como algo no deseado, que generaba desconcierto e incertidumbre pero, innegablemente, existente, y que debería ser mantenido alejado, o por lo menos mermado mediante las fuerzas del orden.

Su presencia al igual que la del orden comenzaría a ser registrada en la historia de varias formas, como escritos sagrados, tradiciones orales, entre otras, y también, en la que aquí más nos interesa, como arte. Para hacernos una idea de ello, miremos cómo comienzan a plasmarse en general en los terrenos artísticos, y luego, particularmente en lo musical.

EL ARTE PARA MANTENER EL ORDEN

En este punto, asumiendo que ya se tiene una mejor idea de lo que se considera como orden, caos y lo complejo, daremos un salto hacia el desarrollo de las producciones artísticas en el mundo occidental, pues, en muchos casos, las características de los entornos particulares determinaron su forma y contenido, limitando, en cierta forma, las posibilidades personales del artista en busca de su manifestación personal.

Muchos teóricos señalan que el arte se desarrolló supeditado al aval de los mecenas que lo patrocinaban, lo que se puede interpretar como una sumisión de los artistas ante un poder dominante, sea social, económico o político. En varios contextos, la labor del artista no tenía mayor relevancia con respecto a la de zapateros, cocineros o sirvientes, por lo que sus intenciones personales carecían de valor y sus producciones debían enmarcarse dentro de los ordenamientos que daban identidad a determinado contexto, a diferencia de hoy día donde el objetivo de los artistas puede estar encaminado a manifestar sus propias ideas y sentimientos a través de su obra.

Ejemplos podemos enumerar muchos, como los antiguos escultores griegos o romanos, los músicos, arlequines y actores que entretenían a las cortes en el renacimiento, con puestas en escena a gusto de quienes los contrataban; o los incontables retratos pintados bajo estrictas directrices, con la presión de ser despedidos o, en ocasiones, hasta ejecutados. Se sabe, además, que muchas veces las composiciones musicales, los textos de las obras teatrales, o los pasos de baile, debían ser realizados siguiendo modelos previamente diseñados y aprobados, quizá, por personas sin el conocimiento técnico y guiados por sus caprichos personales. Sobre dicho sometimiento del artista ante el dominio imperante, Mauricio García, un estudioso del filósofo Theodore Adorno, señala:

> A partir del intento de representar la realidad, los seres humanos empiezan a formarse sus propias ideas sobre el mundo creando conceptos, ideas, a saber, una forma específica de conciencia, a través de la cual podrán hacer juicios sobre la política, la religión, su cultura, las leyes, el arte. Sin embargo, esta formación de ideas individuales se transforma cuando el sujeto ya no es un ente autónomo, sino que empieza a ser determinado por las fuerzas sociales (García Echeverri, 2015).

En palabras de Platón, "la innovación musical está llena de peligros para el Estado, pues cuando cambian los modos de la música, las leyes fundamentales del Estado siempre cambian con ellos". El hecho artístico, ahora dotado, de técnica y belleza según la región y el punto en el tiempo, manifestaba criterios estéticos, sobre todo del orden imperante, y el ser humano, que había transitado por errantes caminos, pasó a estabilizarse en ciudades, caseríos y poblaciones. El mundo civilizado surgía y redundaba en ordenar. Como consecuencia, todo lo foráneo o lo que no se ajustara a los órdenes predominantes, simplemente se desechaba o rechazaba.

Un ejemplo bien conocido de ello son las detalladísimas esculturas en oro de los indígenas americanos, que eran consideradas por los españoles invasores como objetos horribles de adoración pagana, así que para ellos no existía ningún inconveniente en fundirlas y hacer lingotes transportables para llevarlos a sus tierras donde tendrían un futuro más *valioso*. Como obras de arte, tenían mucho menos valor y no valía la pena conservarlas, porque sus criterios en cuanto a lo bello eran increíblemente diferentes. El arte, en todas las culturas, sería resultado de lo que las fuerzas imperantes del pensamiento dictaminaran.

Pero, independientemente de ello, los músicos intentarían hallar las coordenadas del orden en relación con la estructuración de sus discursos. Hablar de música, en muchos contextos, se asociaría con un camino hacia el equilibrio, la perfección y la pertenencia armónica a un universo cuidadosamente diseñado; por lo tanto, a continuación veremos ¿a qué se debía tal anhelo? Y si, efectivamente se lograba.

LOS SONIDOS DEL RETORNO AL ORDEN PRIMIGENIO DE LA CREACIÓN

Como ya se expuso más arriba, el desarrollo de la música se ha producido paralelamente a todos estos procesos relacionados con orden y caos en muchas tradiciones. La idea de la pertenencia a un todo ordenado armónicamente, y del que somos alejados, penosamente, por el caos, se instalaría en las mentes de la mayoría, según varios de los primeros grandes pensadores.

En ese sentido, la música encarnaría, de acuerdo a cada grupo humano y sus convenciones, un ejemplo de orden en sus consonancias y de caos en sus disonancias, pasando de la tensión a la distención y viceversa, por medio de acordes y melodías. En ese proceso, gracias a sus cantos e interpretaciones instrumentales, se constituyó, convenientemente, en un aliado para contar historias de lugares y recorridos de sus protagonistas entre momentos de calma o de tensión.

Por ello, los músicos y expertos en otras áreas del conocimiento, encaminarían sus esfuerzos hacia encontrar las reglas del ordenamiento perfecto en relación con el universo. Al respecto, Ravera afirma:

"Es indiscutible que la filosofía antigua, con extraordinaria variedad de matices aquí imposible de citar siquiera, se propuso elaborar ideas esenciales en torno a la armonía, el orden y el cosmos sin las cuales el universo le resultaba, quizá, impensable" (Ravera, 1998).

Los sonidos se articulaban conformando músicas que apuntaban a la perfección, procurando armonizar el entorno, los rituales, y hasta el cuerpo, mediante la curación de los males corporales o metafísicos. El creador musical, entonces, intentaría controlar los elementos sonoros en una búsqueda que, frecuentemente, se relaciona con el orden primigenio, así como se puede inferir la tranquilidad del feto dentro del vientre materno, alejado de las condiciones caóticas del mundo externo. Se trata de ejercer el control a través del orden. Para ilustrar lo anterior, a continuación describiremos algunos de esos intentos de ordenamiento y cómo el caos se hacía presente.

Los oídos de los griegos

A Pitágoras, en el siglo VI a.C., se le imputa el descubrimiento de la armonía numérica que gobierna el Universo (Pégolo, 2006). La llamada *Armonía de las esferas* presenta estudios que explican que los tonos emitidos por los planetas dependen de las proporciones aritméticas de sus órbitas alrededor de la Tierra; de la misma forma que la longitud de las cuerdas de una lira determina sus tonos. Así, las esferas más cercanas producen tonos graves que se agudizan a medida que la distancia aumenta. Sostienen que los sonidos que producía cada esfera se combinaban con los sonidos de las demás esferas, produciendo una sincronía sonora especial y, por tanto, el universo manifiesta proporciones *justas*, establecidas por ritmos y números, originadores de un canto armónico. El cosmos, a sus ojos, era, por tanto, un sistema en el que se integran las siete notas musicales, con los siete cuerpos celestes conocidos entonces (el Sol, la Luna y los cinco planetas visibles) y estos, a su vez, emitían sus propios sonidos (Randel, 2003).

A estos planetas se les añadían tres esferas suplementarias que alcanzaban el diez (10), el número perfecto. Su búsqueda, además de ordenar, era encontrar la paz espiritual, es decir, a través de la música, hallar el silencio (Bhuigas, 2015), y surge el concepto de *música universalis*, que sugiere que hay un *fino hilo sonoro*, manteniendo la justa proporción de los cuerpos celestes y de su movimiento.

Platón, por su parte, describe la misma armonía celestial cuando, en Epinomis (*Diálogos*), declaró que los astros ejecutan la mejor de todas las canciones. Cicerón, de otro lado, también se refirió, en *el canto de Escipión*, a ese sonido tan intenso como agradable que llenaba los oídos de su héroe y que se originaba en las órbitas celestes, reguladas por intervalos desiguales que originaban diferentes sonidos armónicos (Platón, 1872).

Figura 8. Pitágoras. Experimentos sonoros en diferentes instrumentos.

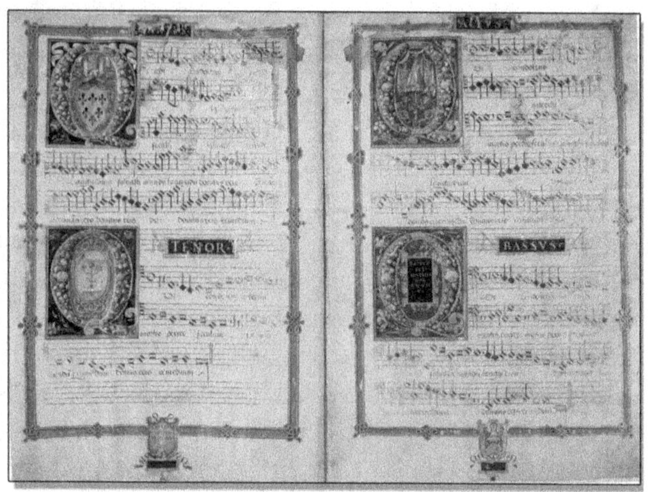

Figura 9. Partitura para ensamble coral manuscrita de la edad media.

La música medieval

La tradición, heredada de los griegos, que consideraba al universo como un gran instrumento musical, se expandiría a terrenos lejanos, sobreviviendo épocas y cambios de todo tipo. Asombrosamente, se retoman luego de más de 1500 años, en la Europa medieval (en un periodo que comprende desde el fin del Imperio romano hacia el siglo V, hasta el siglo XV) por la iglesia cristiana y con estrictas normatividades que, basadas en Aristóteles, organizaban las melodías y el tiempo en un canto conocido como *canto llano*.

Se intentaba encontrar una conexión espiritual basada en el ordenamiento, la permanencia y la quietud. Sobre la influencia de los griegos en la música medieval, Pégolo describe:

Las referencias a *El sueño de Escipión* (conocido a través de Macrobio) en los tratados musicales medievales son muy numerosas. Sin embargo, la autoridad a la que se acude con mayor frecuencia es Boecio, sobre todo respecto de la división de la música en *mundana, humana, e instrumentalis*. Muchas veces, los tópicos de Boecio se expresan en los tratados medievales casi a la manera de fórmulas (Pégolo, 2006).

Respecto al tiempo en la época medieval, se generaría una organización rigurosa mediante calendarios y relojes. En la música, esta se fragmentaría en pulsos, compases, duración de las notas y los silencios, con base en pulsaciones que regularizaban segmentos con una medida estricta.

La música, en la mente del creador musical medieval, se evidencia en tanto sea exteriorizada dentro de la medida precisa. Aparecen las secuencias, las repeticiones, los patrones que, más adelante, determinarían formas y géneros, es decir, generalizaciones. Pese a lo que el filósofo contemporáneo Darío Sztajnszajber señala: "para Aristóteles el tiempo es medible, es una medida del cambio y del movimiento" (2016), sí hay movimiento pero basado en lo regular.

Figura 10. Esferas celestes geocéntricas en la Cosmographia de Pedro Apiano, Amberes, 1539.

Figura 11. Representación artística del *canto llano*.

Estos preceptos sentarían las bases de ordenamiento musical de casi todo el viejo continente. Y todo lo que no correspondiera con ellas se consideraría como músicas paganas, simples manifestaciones étnicas salvajes, o ruido.

CAPÍTULO 2

DEL MITO A LOS PARADIGMAS CIENTÍFICOS

> "En cada nivel de complejidad aparecen propiedades totalmente nuevas, y la comprensión de los nuevos comportamientos requiere una investigación que creo que es tan fundamental en su naturaleza como cualquier otra".
>
> PHILIP W. ANDERSON

COMO SE EXPLICÓ ANTES, desde el neolítico los grupos humanos comenzaron a crear y reproducir relatos, hoy conocidos como mitos, en sus intentos por explicar el universo, el origen del mundo, los fenómenos naturales y cualquier cosa para la que no había una explicación simple, que luego sustentaron las bases de culturas y religiones, y en la mayoría de los casos sus integrantes los daban por incuestionables. En esa senda, la especie enaltecía al orden por la aparente tranquilidad y previsibilidad que éste traía consigo y se aterraba con respecto a lo que se presentaba como inseguro, destructivo, desordenado o desconocido.

Pero, con el pasar de los milenios, dadas las interacciones entre culturas, comenzarían a surgir variadas formas de pensamiento en las que los mitos ya no resultaban muy satisfactorios a la hora de explicar tales cuestionamientos esenciales. Poco a poco, se irían articulando nuevas ideas y explicaciones para tales fenómenos, pero, ahora, basadas en otros fundamentos y aquellos relatos primigenios empezarían a carecer de argumentos. Los nuevos datos, sustentados en la experiencia y la experimentación, ya no solo en la creencia ciega e incuestionable, se entrelazarían para dar paso a nuevos planteamientos.

Las disputas, incluso sangrientas, entre los que defendían tales postulados y los que irrumpían con nueva información, demarcarían territorios donde se imponían los más fuertes. Por dar un ejemplo, en Europa y regiones aledañas, la fe cristiana (que aparece hace cerca de mil setecientos años), conformaría ejércitos de caballeros al servicio de su iglesia durante el periodo conocido como la edad media y aniquilaría miles de creencias, tomándose por la fuerza cientos de pueblos, hasta tal punto que hoy es una de las religiones, junto con sus variantes, más extendidas en todo el mundo.

A pesar de ello, estaba emergiendo en diferentes lugares del mundo, lo que constituiría las bases de la ciencia y el pensamiento moderno. Con su llegada al viejo continente, y luego de irrumpir en América, concepciones sobre la fe, el ser, el saber, comenzarían a ser reevaluadas, pero no muy bien recibidas por los defensores de la fe cristiana. Casos como los enfrentamientos de Giordano Bruno y Galileo con la iglesia cristiana, los llevaron a situaciones como cárcel y ridiculizaciones públicas por intentar exponer sus hallazgos.

Infortunadamente, dado que hacer un trabajo acerca de toda la historia de tales procesos y de la conformación de las llamadas ciencias modernas (como la física que es la que me interesa particularmente) sería una misión titánica, acá sólo abordaremos lo referente al paradigma del caos y la complejidad hasta llegar a las relaciones metafóricas que plantearé más adelante con la construcción musical. Por ello, daremos un salto de siglos para hablar de las diferencias surgidas entre la ciencia constituida hasta el siglo XIX (determinista), y la que se dio en el siglo XX (cuántica) hasta la actualidad, que es la que plantea el caos y se opone en muchas formas a las maneras de analizar los fenómenos anteriormente.

EL UNIVERSO COMO MECANISMO

Los intentos por entender los acontecimientos caóticos, en relación con nuestra propia existencia, a partir de una concepción fundamentada en la búsqueda del equilibrio del universo, fueron generando la aparición de personajes como Tales de Mileto, Aristóteles, Pitágoras, Galileo, Copérnico, Newton y muchos otros, que serían quienes sentarían las bases de la llamada *física clásica*. Esta ciencia en particular, aportaría datos que permitieron teorizar postulados que afirman que antes de la existencia de las cosas no había nada y que todo surgiría en algo conocido como el Big Bang. En ese sentido, sin la existencia de algo antes de toda la creación, no habría nada que organizar, es decir, pensar en orden o caos antes de todo lo creado no tiene cabida. Aquello revolucionaría las bases mismas de las creencias religiosas.

Aquellos científicos, basados en el estudio de fenómenos cíclicos como las estaciones, la duración de los días y las noches o la mencionada armonía de las esferas, dedujeron que el universo se regía por principios y leyes, y que funcionaba como una especie de gran reloj. Para ellos, hasta fenómenos sin explicación, como los antes llamados milagros, que hacían parte de tradiciones orales o escritas, podían tener explicaciones desde la ciencia, por lo que, poco a poco, los principios científicos fueron reemplazando los mitos, las creencias populares e, inclusive, a los mismos dioses.

Al respecto, Stephen Hawking, físico teórico, ilustra lo anterior usando como ejemplo un mito vikingo:

En la mitología vikinga, Skoll y Hati cazaron el Sol y la Luna. Cuando los lobos atrapan a uno de ellos, hay un eclipse. Cuando eso ocurre, los habitantes de la Tierra se apresuran a rescatar el Sol o la Luna haciendo tanto ruido como pueden, esperando asustar a los lobos. Hay mitos semejantes en otras culturas. Pero al cabo de un tiempo la gente se fue dando cuenta de que el

Sol y la Luna volvían a emerger poco tiempo después del eclipse, tanto si ellos corrían, chillaban y hacían ruido, como si no lo hacían. Al cabo de un tiempo, se tuvieron que dar cuenta de que los eclipses no se producen al azar, sino en patrones regulares que se repiten (Hawking, 2010).

La física se fue constituyendo como un entramado de leyes que daba orden al universo; y el ser humano, siendo parte de tales sistemas, estaba aprendiendo a observarlos. En este marco, el físico López Corredoira explica que:

La física clásica describe una realidad independiente del observador, una realidad fuera de nosotros, en el espacio. El sujeto es un espectador, el acontecer físico está al margen del espectador. La imagen del sistema del mundo plasmada en el tercer libro de los Principia (Newton, 1687), era la imagen sólida y exacta de una máquina regulada por leyes matemáticas inmutables, de ahí que se designase como "Universo máquina" (López Corredoira, 2001).

Newton, por su parte, siendo uno de los primeros y más grandes científicos de la modernidad, reforzó la idea de que el Universo manifiesta una gran armonía. Englobaba dos visiones

Figura 12. Fotografía espacial de un ciclón.

Figura 13. Isaac Newton (1642-1727).

del mundo que parecían antagónicas: el mundo mecanicista (el gran reloj universal) y el orden superior que rige al Universo según una voluntad divina. Su visión permitió la predicción de apariciones de cometas e, incluso, el descubrimiento de Neptuno mediante operaciones de cálculo.

En lo musical, en el siglo XVII, algunos autores hablaban de "la gran música del mundo" y se esmeraron en dejar constancia del universo como instrumento perfecto. Ya las bases de lo que, más adelante, se conocería como la *armonía tonal* estaban dadas y el ordenamiento del *caos* de los sonidos demarcaba una ruta muy bien establecida. En ese mismo siglo, por ejemplo, el astrónomo Johannes Kepler, con instrumentos avanzados y fuertes argumentos matemáticos, publicaría su obra *Harmonices Mundi*, donde afirma que un astro emite un sonido más agudo en tanto su movimiento es más rápido y que por ello existen intervalos musicales bien definidos que están asociados a los diferentes planetas (Randel, 2003).

Sobre el papel del artista y su producción, en relación con la época Ravera escribe: "Es la visión de un universo racionalizado que el artista interpreta y produce de acuerdo con el progreso social y científico de su tiempo" y afirma sobre el mú-

Figura 14. Johann Sebastian Bach (1685-1750).

sico Johan Sebastian Bach[13]: "las fugas de Bach son un sistema grandioso de consonancia universal, real paradigma estético de vigencia actual a través de los tiempos" (Ravera, 1998).

En el siglo XVIII la física adopta una postura conocida como el determinismo, que decretaba que todo acontecimiento físico (incluyendo el pensamiento y acciones humanas), estaba condicionado por una irrompible cadena de causa-efecto y que el estado actual y la historia de ese acontecimiento, determinaría en algún sentido tanto su futuro, como su pasado. Esta corriente, tomando como base las probabilidades y la observación, excluiría efectos aleatorios o azarosos y afirmaba que todo se podía medir.

El determinismo fue ampliamente aceptado y dominó la ciencia durante siglos, sentando bases importantes en diversos campos, como las ciencias sociales, la biología, las ciencias naturales, la estadística entre otras y, en gran medida, ayudó en la predicción de comportamientos de manera muy acertada. Su principal exponente fue Pierre Simón de Laplace quien afirmó que, si en un instante determinado conociéramos las posiciones

---

13 Johann Sebastian Bach: Compositor, organista, clavecinista, violinista, violista, maestro de capilla y cantor alemán del periodo barroco.

Figura 15. Pierre Simon de Laplace (1749-1827).

y velocidades de todas las partículas en el Universo, podríamos calcular su comportamiento en cualquier otro momento del pasado o del futuro (Aguirregabiria, 2009).

En la música del continente europeo, a partir de las reglas escritas, consonantes con el orden perfecto del universo que pretendían establecer, comenzó un impresionante despliegue de composiciones que llegaron a elevadísimos grados de complejidad durante siglos. Los ordenamientos de la música occidental estaban prácticamente constituidos. Músicos virtuosos como Beethoven[14], basarían sus producciones en aquellas normas pre-establecidas, pero lentamente también irían rompiéndolas para intentar dar alas a su libertad creativa.

EL TODO ES MÁS QUE LA SUMA DE LAS PARTES

Con el inicio de la modernidad, el determinismo comenzaba a parecer insuficiente para explicar todos los fenómenos observados. Surgen los empiristas en Inglaterra en el siglo XVII y

---

[14] Ludwig van Beethoven: Compositor, director de orquesta y pianista alemán. Su legado musical abarca, cronológicamente, desde el Clasicismo hasta los inicios del Romanticismo.

XVIII, quienes consideraban la experiencia como la única fuente válida de conocimiento, mientras que negaban la posibilidad de ideas espontáneas o del pensamiento a priori. Para ellos, sólo el conocimiento sensible nos pone en contacto con la realidad, y toman a las ciencias naturales como el tipo ideal de ciencia, ya que se basan en hechos observables (Profesor en línea, 2016).

A pesar de ello, el *caos* nunca dejaría de manifestarse, eludiendo los principios de ordenamiento. El hombre comenzaría a darse cuenta de que en el universo no todo era tan ordenado como se pensaba y que dentro de del orden conocido el caos siempre estaba presente. Aparecerían dudas como: ¿Cuál es su origen? ¿Tiene alguna especie de orden oculto? ¿Cómo funciona? Pero, si el caos es errático por naturaleza, y en yuxtaposición, si una teoría suele ser organizada y elegante, ¿cómo se iba a organizar en el caos?

Al respecto, el experto Peter Smith en su obra *El Caos*, plantea: "Partiendo de que en general el caos se entiende como ausencia de orden, ¿cómo vamos a imponer un orden teórico y disciplinado a lo esencialmente desordenado?" (Smith, 2006).

De llegar a comprenderlo, esperaban poder evitarlo y, hasta predecir las hostilidades del clima, para impedir que las cosechas se perdieran o que la navegación se tornara peligrosa a causa de inesperadas variaciones.

Pero la teoría continuaba esquiva y el caos, como desorden, parecía ser la única respuesta frente a lo que no se podía predecir, ser explicado o lo que estaba antes del orden (Goodwin, 2003). El caos eludía el ordenamiento que el determinismo intentaba imponerle y que el empirismo no podía comprobar.

Las ciencias debían cambiar sus métodos para lograr tales propósitos. Sobre esos cambios, Ilya Prigogine diría: "Es un cambio radical ya que desde esta perspectiva, el caos nos obliga a considerar de nuevo nuestra descripción fundamental de la naturaleza" (Prigogine, 1997).

Se comenzaba a hablar de terminologías como *los siste-mas complejos*[15] que, en resumen, son sistemas en los que hay órdenes imperantes, pero que por la interacción de las variables pueden llegar a ser más o menos incomprensibles. En ellos, la comprensión radica en el tiempo que nos lleve desentrañar el funcionamiento de cada elemento por separado y su influencia en el conjunto.

El mundo científico comienza a hablar de las *estructuras disipativas* y por fin, comprende que el caos no es, simplemente, desorden o aleatoriedad, sino que se trata de otros órdenes que tal vez no conocemos o comprendemos y, cuya característica más notable es el movimiento, jamás son estáticos y su energía tiende a disiparse.

Al iniciarse el siglo XIX, el físico Max Planck iniciaría una verdadera revolución científica sentando las bases de la Mecánica cuántica y, en 1905, Albert Einstein, con su teoría de la relatividad general, cambiaría para siempre la manera de entender los fenómenos del cosmos. Invocaría, nuevamente, a la armonía newtoniana para describir y comprender el universo, aunque de forma diferente pues, estaba convencido de sus ordenamientos misteriosos (Redes, 2008).

El paradigma del caos, por su parte, sigue articulándose hacia una teoría, de la mano de matemáticos interesados en la vinculación entre sistemas dinámicos y topología, como Stephen Smale y Poincaré, quien observó que las variables pueden desarrollar un comportamiento caótico, complicado e impredecible, pero dentro de un orden geométrico observable. Con él, aparece un nuevo arquetipo, en el que los problemas científicos pueden resolverse desde otra óptica y donde la noción de "leyes de la naturaleza" cambiará drásticamente. Lo que antes era determinado por su pasado y era reversible, ahora puede ser irreversible y probable.

---

[15] Véase entrevista al físico Luis Hernando Cárdenas al final.

Figura 16. Poincaré, Jules Henri (1854-1912).

Figura 17. Edward Norton Lorenz (1917-2008).

En 1926, aparece el principio de incertidumbre de Werner Heisenberg, que afirma que no puede haber ninguna medición exacta de nada, pues todo afecta la medición, incluso, lo medido puede afectarse al ser medido: "Ciertamente no se pueden predecir los acontecimientos futuros con exactitud si ni siquiera se puede medir el estado presente del universo de forma precisa" (Hawking, 1988). Por primera vez, *el observador* es tenido en cuenta y se entiende que, él mismo, puede afectar lo observado.

Las nuevas leyes descubiertas de la física comenzaban a revelar hechos completamente opuestos a lo que se venía pensando por siglos, sobre todo, en los terrenos religiosos. En vez de tener un universo en caos al principio de todo, que va encontrando un orden paulatino, encontraron que se trata justamente de lo contrario: el mayor grado de ordenamiento en toda la historia fue, justamente, antes del Big Bang, es decir, antes del tiempo y del espacio: la nada. Luego, al nacer el universo, una gran cantidad de energía y materia se comenzó a desplegar, a expandirse. Se fue, precisamente, del orden al caos y eso, continúa hasta nuestros días. Ludwig Eduard Boltzmann, por ejemplo, demuestra matemáticamente *la entropía*, es decir, la tendencia de todo de moverse del orden hacia el desorden (NatGeo, 2013).

En estos nuevos estudios se involucran expertos de campos tan diversos como la meteorología y la astronomía, como Edward Lawrence o Michel Henon, así como biólogos y estudiosos del crecimiento de poblaciones, como Robert May, e incluso, a esta larga lista se suman otros, como James Yorke, David Ruelle, Mitchell Feigenbahuen, Michale Barnsley y muchos más (Madrid, 2010).

Lorenz, en sus estudios de predicción climática, introduciría el concepto de *atractores extraños* y acuñó el término *Efecto Mariposa* (del que se hablará más adelante). Se le considera el pionero de la *teoría del caos,* junto a Birkoff y Smale.

Hasta ahora, a pesar de la separación abismal que se estaba produciendo en diversos campos de las ciencias por el enfrentamiento de las formas clásicas con las nuevas prácticas, se podía ver que, por lo menos, tenían algo en común: tanto en la posición determinista como en la de la nueva física; toda causa tendría un efecto, es decir, que todo afecta a todo. Para ilustrar lo anterior, Michio Kaku afirma:

> En cierto sentido, lo que nos ocurre a nosotros afecta de manera instantánea a cosas en lejanos confines del universo, puesto que nuestras funciones de onda probablemente estuvieron entrelazadas en el comienzo del tiempo. En cierto sentido, hay una madeja de entrelazamiento que conecta confines lejanos del universo, incluyéndonos a nosotros (Kaku, 2009).

COMPRENDIENDO EL CAOS

El *caos* se constituiría, entonces, como un entramado de fenómenos cuya característica principal la acuñaría el matemático norteamericano Guckenheimer, en los años 70: la *dependencia sensible de las condiciones iniciales* (Madrid, 2010).

Figura 18. Dr. Físico Teórico Michio Kaku (1947).

Luego, si para el determinismo el caos era sólo desorden, para la nueva física es, siempre, consecuencia de inestabilidades (Prigogine, 1997). Por tanto, puede ser origen y consecuencia, y no producto de una estática flecha del tiempo.

También se llegó a la conclusión de que el caos puede ser complejo, pues se puede dar en las múltiples interacciones que se entrelazan, y ahora, ya no se trata de evitar lo caótico, sino de entender los modelos ocultos dentro de ese orden que no se comprendía. Briggs y Peat dirían, "El orden del caos, lo que muestra es la interconexión subyacente que se manifiesta en acontecimientos aparentemente aleatorios" (Briggs y Peat, 1999).

Se descubrió, además, que a pesar de tener en cuenta la cadena de causalidades, no existen dos fenómenos con comportamientos idénticos, y la más sutil variación puede desencadenar cambios gigantescos. Ahora, se puede comprobar que sistemas caóticos muy similares pueden desarrollarse de maneras sistemáticas radicalmente diferentes (Smith, 2006).

En el caos nada está inmóvil, todo se mueve, todo vibra y afecta, o es afectado por todo lo que lo rodea. La complejidad del universo sobrepasa nuestros sentidos y nuestra comprensión. En todo lo que se puede medir, descubrimos una vibración interna (sea esta tan pequeña e increíblemente rápida como en las partículas subatómicas, o tan lejana y casi imperceptible como la de las estrellas en el espacio) y se dan comportamientos e interrelaciones a veces predecibles o en ocasiones caóticas. La ciencia del caos, ya no se centra en poner en evidencia lo desordenado de este universo (u otros posibles), sino en develar los modelos ocultos de los eventos caóticos, en sus matices y, como señalan Briggs y peat: "en la "sensibilidad" de las cosas y en las reglas sobre cómo lo impredecible conduce a lo nuevo" (Briggs y Peat, 1999).

La física se sumerge en aguas desconocidas y adopta un nuevo nombre: *física cuántica*. En ella, si bien los modelos propuestos durante la historia funcionaban para ciertos eventos observables, ya no funcionaban a escalas muchísimo más pequeñas, o muchísimo más grandes. Lo único en común, que todo se relaciona. Esta física propone una manera diferente de comprender todo y teóricos como Hawking y Mlodinow, lo explican de la siguiente manera:

> La física cuántica proporciona un marco para comprender cómo la naturaleza actúa a escalas atómicas y subatómicas", y añade, "pero implica un esquema conceptual completamente diferente en el cual la posición la trayectoria e incluso el pasado y el futuro de los objetos no están terminados con precisión (Hawking y Mlodinow, 2010).

Se descubriría, además, que el comportamiento de la materia es diferente, dependiendo de la escala en la que se observa. Por ejemplo, si se estudian las partículas subatómicas (quarks), estas son impredecibles e, incluso, su comportamiento es afectado por el observador: al no ser observadas, las pruebas revelaban resultados diferentes que al observarlas, y para comprobarlo, en 1999 un grupo de físicos austriacos realizó un experimento con unas partículas llamadas fulleneros (Hawking y Mlodinow , 2010).

Figura 19. Stephen William Hawking (1942).

Hawking y Mlodinow, sobre estos experimentos y sobre la historia de la física comentan:

En los primeros dos mil años de pensamiento científico aproximadamente la experiencia ordinaria y la intuición constituyeron la base de la explicación teórica. A medida que mejoramos la tecnología y expandimos el dominio de fenómenos observables, empezamos a hallar que la naturaleza se comportaba de manera cada vez menos parecida a la experiencia cotidiana, y por lo tanto, menos acorde con nuestra intuición, como lo evidencia el experimento de los fulleneros. Ese experimento típico de la clase de fenómenos que no pueden ser explicados mediante la ciencia clásica, pero si están descritos en lo que se denomina física cuántica. De hecho, Richard Feynman describió que el experimento de la doble rendija en el cual hemos descrito "contiene todo el misterio de la física cuántica" (Hawking y Mlodinow, 2010).

En ese sentido, lo impredecible, lo catastrófico, lo desordenado, lo aleatorio y muchos otros fenómenos asociados al caos, comienzan a ser comprendidos y hoy entendemos que hacen parte de la misma esencia del universo. La cantidad de eventos que se relacionan con nuestras acciones y, éstas, a su vez, con otras acciones de otras personas en la misma interacción con la naturaleza es infinita, y los resultados de tales interacciones pueden ser insospechados. El caos y la complejidad, se manifiestan en todo el cosmos y en nosotros mismos y nos muestran que lo que conocemos como "realidad" es, tan solo una, muy recortada, creación de nuestro propio mundo simbólico.

Con la teoría del caos mucho más madura, y los nuevos aportes de la Física Cuántica, los estudiosos se centrarían en *desenmarañar* sus componentes y características (los *modelos ocultos*, que mencionan Briggs y Peat), pues creían que, entendiendo el comportamiento del caos, se aumentaban las posibilidades de prever o predecir circunstancias catastróficas y, de esa manera, transcurrir una existencia con mayor calma. En esencia, lo que pretendían era seguir *escapando* del caos.

LOS MISTERIOSOS CAMINOS DEL CAOS, LA COMPLEJIDAD Y LAS ESTRUCTURAS DISIPATIVAS

En este punto, ya podemos diferenciar estos tres conceptos para aplicarlos a lo que nos interesa, que es la creación del arte musical. El caos, básicamente, aparece cuando se da una variación en un sistema y los resultados son impredecibles, como por ejemplo en la música de síntesis[16]. Nos referimos a cuando se sale de nuestro control lo que puede suceder. La complejidad, tiene niveles que se categorizan de acuerdo a las interrelaciones que se dan entre los elementos de un sistema[17]. Por ejemplo, por complicado que nos parezca el mecanismo de un reloj, no es un sistema complejo porque su funcionamiento se basa en las leyes

---

[16] La síntesis de sonido consiste en obtenerlos a partir de medios no acústicos; variaciones de voltaje en el caso de la síntesis analógica, o por medio de programas de computadora, en el caso de la síntesis digital. Véase: entrevista al final con el músico Jorge Castillo.

[17] Véase: entrevista al final con el físico de partículas Luis Hernando Cárdenas.

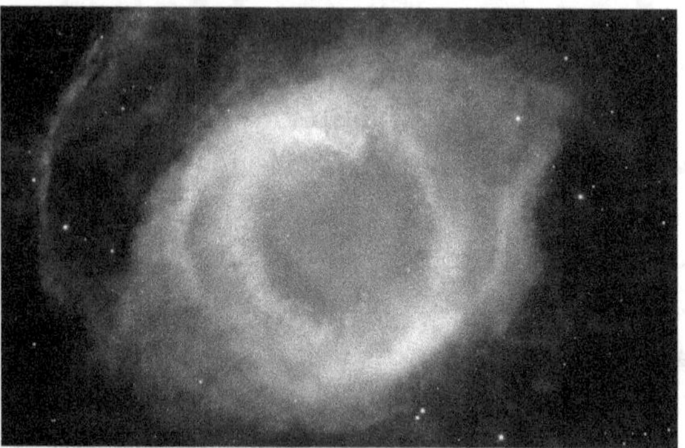

Figura 20. Nebulosa Helix, o NGC 7293 "El ojo de Dios".

pendulares, pero si nos referimos a la Internet, son muchísimos tipos de software y hardware con características muy diversas que funcionan entre sí. Ejemplos de sistema simple en música pueden darse en canciones infantiles o en una sinfonía, pero podrían ser complejos si intervienen elementos de diversas naturalezas y comportamientos como puede darse en la música de síntesis. Las músicas contemporáneas presentan comportamientos más asociables con lo complejo, aunque perfectamente pueden darse sistemas simples.

Las estructuras disipativas describen aquellos sistemas que tienden hacia la disipación de la energía y la podemos apreciar analizando cualquier ensamble donde se involucren pocos o varios instrumentos pues, prácticamente, todas las manifestaciones musicales y sonoras tienen un impulso de energía que fluctúa y fluye, hasta desarrollos discursivos, que, finalmente, se disipan cuando la pieza se acaba.

Entonces, ya podemos adentrarnos en los componentes de estos procesos, para comprender cómo funcionan y cómo pueden relacionarse con la creación artística musical. Para ello, haremos un recorrido por los elementos más importantes que hacen parte de estas teorías y, de esta manera, poder establecer mejor las similitudes aquí propuestas.

CAPÍTULO 3
VISUALIZACIÓN DE LOS MODELOS OCULTOS

"La mayoría de los sistemas de interés físico, tanto en el ámbito de la mecánica clásica como el de la mecánica cuántica, son sistemas inestables. En estos sistemas una pequeña perturbación se amplifica, unas trayectorias iniciales se separan. La inestabilidad introduce aspectos nuevos esenciales".

Ilya Prigogine

En términos científicos actuales, caos se refiere a una interconexión subyacente que se manifiesta en acontecimientos aparentemente aleatorios. La ciencia del caos se centra en los modelos ocultos, en los matices, en la "sensibilidad" de las cosas y en las "reglas" sobre cómo lo impredecible conduce a lo nuevo. Se trata de un intento por comprender los movimientos que crean las tormentas, las riadas, los huracanes, los acantilados, los litorales escarpados y los modelos complejos de todo tipo, desde los deltas de los ríos hasta el sistema nervioso o los vasos sanguíneos de nuestro cuerpo (Briggs, 1999).

Los elementos mencionados a continuación suelen asociarse con la teoría del caos, la complejidad de los sistemas o con las estructuras disipativas. En ese sentido, son tratados aquí por sus posibles conexiones con lo artístico musical, pero no necesariamente bajo la rigurosidad de la ciencia moderna, sino más bien, por asociaciones metafóricas.

Partiendo de ello, comenzaré por el abordaje de los elementos más simples para, progresivamente, describir los más complejos, señalando sus conceptos y sus relaciones con lo musical, desde el punto de vista planteado en este trabajo.

LA SEMILLA: UN SONIDO QUE IRRUMPE EN EL SILENCIO

Si una semilla encuentra un entorno favorable fluye y se transforma. Como sabemos, la música se caracteriza por ser un flujo de eventos sonoros que transcurre en el tiempo generando respuestas emocionales en los escuchas, gracias a las relaciones entre los sonidos. Su carácter es finito, es decir, tiene un comienzo, un desarrollo y un final. La música es el flujo creativo de esos elementos o, en otras palabras, el despliegue de la energía manifestado en un resultado musical.

Mihaly Csikzentmihalyi, un psicólogo que ha estudiado la creatividad, señala que creadores, atletas, místicos religiosos y científicos, coinciden que "el flujo" es el periodo del proceso creativo en el que la autoconciencia desaparece, el tiempo se desvanece o se llena por completo y la actividad absorbe completamente. Sostiene, que se tiene una intensa clarividencia del momento, un sentido preciso de los movimientos y ni la menor preocupación por equivocarse. También, precisa que el caos no termina, sino que permanece rodeando y nutriendo la actividad creativa, como una turbulencia que fluctúa tras de las rocas en un rio que alimenta continuamente el vórtice que ha creado (Briggs, 1999).

Entonces, al irrumpir en el silencio con un sonido, éste, como una semilla en la tierra, toma vida y, para nuestro estudio, será tomado como la unicidad o elemento primario que aparece donde antes no se escuchaba nada. Físicamente, además de ser la vibración en determinada frecuencia de un cuerpo, producida por la percusión, la pulsación o la frotación o, en casos de sonidos producidos digital o electrónicamente, la reproducción

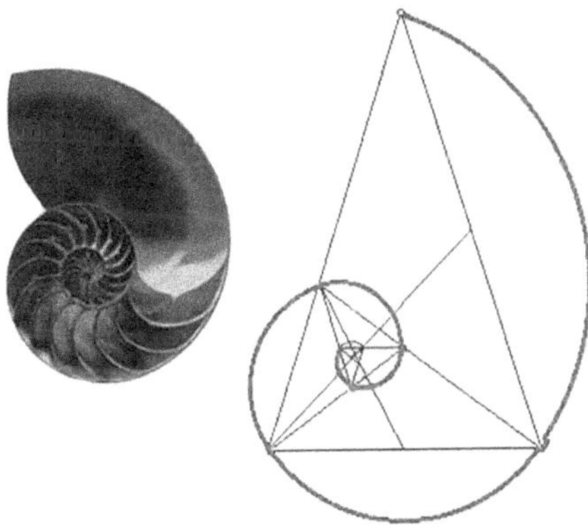

Figura 21. Espirales áureos.

de dicha frecuencia por medio de aparatos desarrollados para tal fin, encarna esa materia prima que constituye el inicio de cualquier construcción musical. Ejecutado de manera convencional en instrumentos análogos, tiene un tiempo de vida que va desde su ataque, pasando por su sostenimiento, hasta su decaimiento y finalmente desaparición. La duración de este proceso varía según diversos factores como la intensidad, el medio o la fuente: por ejemplo, en un instrumento de percusión es corta, en instrumentos de cuerda pulsada pueden ser un poco más larga y en instrumentos de cuerda frotada puede ser aún más larga y si es producido digitalmente, su duración será a criterio del compositor.

Pero como sabemos, un sonido por sí solo no se considera música. Debe haber variaciones o interacciones con otros sonidos. En ese sentido, ese sonido vendría a ser el elemento fundamental del cual se va a desprender toda una suerte de apariciones, modificaciones y silencios según la voluntad del creador musical pero, igual que la semilla necesita de otros elementos para interactuar (como el agua y los nutrientes de la tierra para crecer), también necesitará de otros sonidos que lo acompañen para construir una obra musical. Luego, cuando esa semilla germina gracias al ordenamiento que el creador musical vaya dan-

Figura 22. Señal de tránsito vehicular de bifurcación.

do, se irá generando un fluir que conduzca a los estados deseados. La creatividad surge y se desarrolla en tanto nuevas ideas van apareciendo y se van sumando o restando y conviviendo. De tal forma, si un sonido es la semilla, debemos comprender todo lo que sucede y la acompaña: sus transformaciones, crecimiento y, finalmente, cómo se disipa y termina.

EL ACTO REPRODUCTIVO DEL CAOS

El acto de bifurcar es la división en dos apéndices, partes o ramales. Se llama *bifurcación* al sitio donde algo se bifurca. Por ejemplo, en el ámbito de la geografía, se denomina bifurcación a la división en dos de la corriente más importante de un río (Pérez Porto, 2020). A su vez, la multiplicidad de veces que se presente este comportamiento se denomina Polifurcación.

En música, un sonido no puede dividirse, pero está compuesto de muchos armónicos que le dan su timbre particular. Entonces, la bifurcación se podría asociar con la convivencia de dos elementos, por ejemplo, dos sonidos simultáneos, sean de la misma naturaleza y características como el caso de dos cuerdas de guitarra, o de diferente, como uno de piano que suene a la par con un tambor. También, podríamos relacionarlo con las líneas melódicas superpuestas del contrapunto.

Básicamente, lo asocio con la primera variación que se introduce a un sistema sonoro, en elementos que confluyen en una especie de danza que juega con el rompimiento de lo estático y equilibrado. Sobre las bifurcaciones Ilya Prigogine afirma:

> El alejamiento del equilibrio nos reserva sorpresas. Nos damos cuenta de que no se puede prolongar lo que hemos aprendido en estado de equilibrio. Descubrimos nuevas situaciones, a veces más organizadas que cuando hay equilibrio: se trata de lo que yo llamo puntos de bifurcación (puntos singulares que corresponden a cambios de fase en el no-equilibrio), soluciones a ecuaciones no lineales (Prigogine, 2004).

LOS DESPLIEGUES DE LA VIDA

Cuando se presentan las polifurcaciones surgen los rizomas. La etimología de *rizoma* nos remite a una palabra griega que puede traducirse como "raíz" y se refiere a un tipo de tallo que crece de manera subterránea y en sentido horizontal, dando lugar al surgimiento de brotes y raíces a través de sus nudos. Gracias a su crecimiento indefinido, los rizomas pueden avanzar y cubrir una superficie muy importante (Pérez Porto, 2020). Son ejemplos de rizomas las plantas, ríos, rayos, raíces, quebraduras en un vidrio etc.

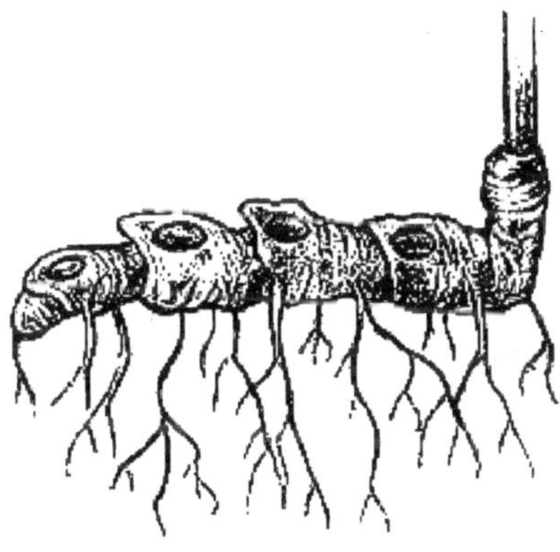

Figura 23. El *Zingiber officinale*, conocido popularmente como jengibre.

En la filosofía, por ejemplo, la noción de rizoma se usa para denominar un modelo epistemológico en el cual todos los elementos están en condiciones de influir en los demás. Lo rizomático parte de un impulso o energía inicial, que luego, por las bifurcaciones, se va distribuyendo en busca de abarcar terrenos mayores y que la energía siga fluyendo.

En música lo podemos asociar con la adición de nuevos sonidos. Cuando se complejiza el discurso en una obra, cada sonido que se agrega va cobrando *vida* y su presencia afecta la generalidad del entramado sonoro. La aparición de más sonidos va generando todo un *organismo* que se nutre de cada uno de ellos. En ese sentido, hallaremos los rizomas cuando las bifurcaciones generen entramados sonoros por adición de más sonidos.

Lo cíclico

Como sabemos, en la naturaleza existe diversidad de ciclos (repeticiones), como las estaciones, el día y la noche, los eclipses, las temporadas de lluvias o de calor, entre otros que, *místicamente*, organizan una especie de sincronicidad con la que nos hemos familiarizado.

En la música las repeticiones de sonidos o segmentos son de uso bastante recurrente. Se presentan, usualmente, para afianzar ideas musicales y suelen ser lo que más se recuerda de una pieza musical. Puede que estas organizaciones musicales hayan tenido relación con las iteraciones de la naturaleza que antes mencionamos, en tanto que, cuando algo se repite se nos va haciendo familiar y, por ende, nos produce cierta confianza. Asociaremos, entonces lo cíclico con las repeticiones de segmentos que los compositores articulan en sus obras.

Lo interesante aquí es que todo cambia, por lo tanto nunca una repetición es idéntica a otra. El solo hecho de que suceda en un tiempo nuevo respecto a la anterior, ya le da un contexto diferente. Al respecto, el biólogo Brian Goodwin, en una entre-

Figura 24. Ejemplo de ramificación rizomática. Ramas de árbol.

vista en el programa Redes, habla sobre el estudio de los ciclos, sosteniendo que en muchas ocasiones sus repeticiones no son tan iguales como pensábamos:

Tal como los latidos del corazón, un órgano que creíamos tan predecible, pero que no puede estancarse en un orden formal, sino que ha de estar preparado para responder en cada momento, o el cerebro que tiene que ser capaz de saltar de un tipo de comportamiento a otro. Todo este aparente desorden del mundo debe combinarse con un cierto orden, y es esta la característica esencial de vivir en el caos (Goodwin B. , 2003). Ravera, por su parte, señala también sobre el ritmo cardiaco lo siguiente:

Y lo que sucede en la vida cultural y social acontece no menos en niveles biológicos en el centro mismo de la vida, en los ritmos del corazón, que nos dan, al respecto, pautas inequívocas. En efecto, es sabido que entre los latidos del corazón corren milésimas de segundos de un tiempo absolutamente irregular. Una cantidad temporal mínima que transcurre entre turbulencias y ritmos caóticos considerados por la ciencia como enteramente normales. Alteraciones naturales que se desvanecen a medida que el ritmo se torna homogéneo, uniforme, monótono: precisamente allí se anuncia el mayor peligro de vida, la alerta máxima. Un universo en condiciones de renovarse continuamente promueve procesos de auto-organización cuyo desorden entrópico puede llegar a jugar un rol determinante, positivo y constructivo (Ravera, 1998).

El milagro de la auto-organización

Además de lo cíclico, en el universo que habitamos podemos observar muchos casos de auto-organización de los sistemas que los provee de una especie de equilibrio y que busca su subsistencia: la materia, el vuelo de las bandadas de pájaros, los pétalos de una flor, las galaxias, las figuras geométricas que surgen en los experimentos de cimática con diversos materiales, el nado de los cardúmenes de peces, entre otros.

Si hablamos de música, justamente, estamos refiriéndonos a organización de sonidos; pero, lo que intento proponer es que dicha organización, a pesar de ser, eminentemente, creación humana, puede tener similitudes con los modelos de auto-organización, presentes en la naturaleza, como los resultantes de los despliegues de la vida.

Por ello, a mi manera de ver, ese orden misterioso ha inspirado al ser humano para organizar los sonidos, y lo que pretendo plantear, es la relación entre esos fenómenos y la organización que el ser humano da a los sonidos en la construcción de la música. Solé y Manrubia, dos especialistas, afirman:

> "A nuestro alrededor se agitan miles de sistemas complejos que en una forma u otra, exhiben un alto grado de orden. La vida es el ejemplo preeminente, pero incluso en los sistemas no vivos puede darse la aparición de orden en las situaciones más inesperadas" (Solé, 1994).

Cimática: observando la auto-organización del sonido

Similar a lo que sucede con los patrones geométricos que se dan en flores, piñas, caracolas, o algunas manchas de animales, las frecuencias particulares que emiten los sonidos actúan sobre otros elementos, y esto se puede visualizar en formas bastante, simétricas. Al estudio de tal fenómeno se le denomina cimática.

Figura 25. Girasol.

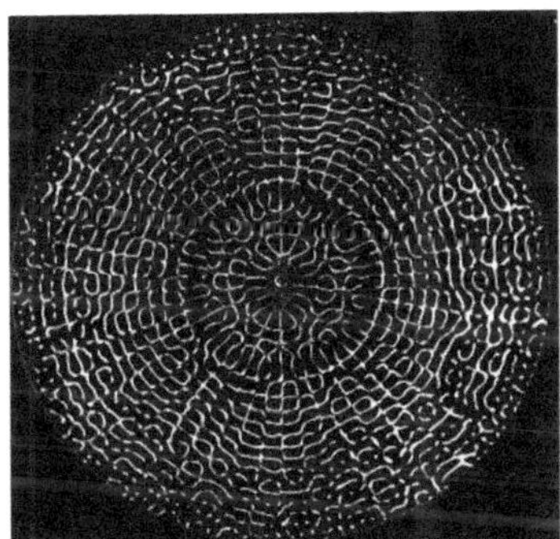

Figura 26. Patrón de Hans Jenny.

El término fue utilizado por primera vez por el Doctor, artista e investigador Hans Jenny, y deriva de la palabra griega "kyma", que significa "onda" o "kymatica" que significa "materia que pertenece a las ondas". Su descubridor fue Ernst Florenz Friedrich Chladni (1756-1827) físico y músico alemán, quien por su trabajo sobre vibración y el cálculo de la velocidad del sonido es considerado el fundador de la acústica.

El experimento más común, consiste en espolvorear una capa de arena muy fina, harina o alguna otra sustancia parecida, sobre una plancha metálica sujeta a un soporte: al aplicar sobre ella una vibración (sonido), las partículas se agrupan formando estructuras geométricas, que se hacen más complejas cuanto más alta sea la frecuencia de la vibración del sonido producido. Los patrones geométricos formados son llamados "figuras sonoras de Chladni" (Sabiduría Eterna, 2015).

La explicación física para esto es: El arco del violín o el artefacto que emita el sonido, produce sobre la placa una serie de ondas acústicas, todas de las mismas características, que se propagan por la superficie en todas las direcciones, transportando la arena sobre ella. Cuando dos de estas ondas idénticas se encuentran, se anulan (ondas estacionarias) y es, precisamente, en estos puntos donde termina depositándose la

Figura 27. Algunos modelos de las placas de Chladni.

arena. La gran variedad de ondas, sus distintas frecuencias y amplitudes, terminan por generar esta cantidad de formas diferentes. En videos producidos por estudiosos como Laura y René Barge, podemos observar la cimática en fenómenos como los vórtices, retroalimentaciones, ciclos y reiteraciones (Barge, 1980). También, artistas actuales como Nigel Stanford[18] hacen uso de la cimática en sus creaciones.

LAS DINÁMICAS DE LA ENERGÍA

Otro elemento de la física que asociaremos con lo musical es la entropía. La palabra procede de un vocablo griego que puede traducirse como "vuelta" o "transformación". En el siglo XIX, Clausius[19] acuñó el concepto para referirse a una medida

---

[18] CYMATICS: Science Vs. Music by Nigel Stanford [Archivo de video] Disponibl en: [https://www.youtube.com/watch?v=Q3oItpVa9fs].

[19] Rudolf Julius Emmanuel Clausius (1822-1888), físico y matemático alemán.

del desorden que puede verse en las moléculas de un gas. (Pérez Porto, 2020).

Se trata de una magnitud física que, para el estudio de un sistema termodinámico en equilibrio, mide el número de micro-estados compatibles con el macro-estado de equilibrio. Nos dice, en resumen, que la energía tiende a distribuirse uniformemente en los sistemas (sean simples o complejos) y, en diferentes grados de organización.

Se asocia con el caos, con inestabilidades, con auto-organización y con la disipación de la energía. En esta ley existe una suerte de secuencialidad irreversible, donde lo que se transforma nunca llegará de nuevo a su forma anterior y el tiempo se toma como un continuo transcurrir de un *ahora* en el que la energía se va transformando.

Como la música es un transcurrir de energía que finalmente se disipa, pienso que ésta se puede entender como una recreación de los fenómenos entrópicos.

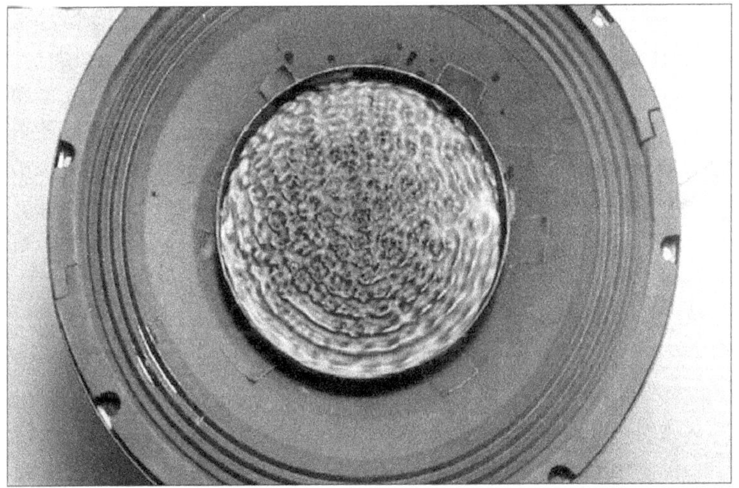

Figura 28. Fotografía de Cono de parlante con agua mientras reproduce ondas senoidales.

La retroalimentación

Como vimos, la energía de algunos sistemas tiende a auto-organizarse, y son los atractores los que la mantienen retroalimentándose hasta que, finalmente, se desgasta. Un ejemplo de ello son los vórtices.

El Vórtice es una noción que deriva del latín *vortex*. El concepto nombra a un flujo que rota en sentido de espiral, como el agua tras las rocas en un río o el viento y las nubes en los huracanes. De modo más preciso, puede decirse que vórtice es aquello que posee *vorticidad* (una magnitud que cuantifica la rotación que realiza un fluido). Puede afirmarse que, en el contexto de la dinámica de fluidos, un vórtice se forma cuando el fluido se moviliza en torno a un círculo, como espiral o en forma de hélice (Pérez Porto, 2020). Su conducta, sumamente compleja, incluye corrientes aleatorias e imprevisibles. En la teoría del caos, el vórtice se refiere a la auto-organización y a la creatividad.

Los teóricos Briggs y Peat, explicando el fenómeno del vórtice, efectúan una asociación con lo musical, estableciendo una comparación entre una olla de agua que se ha puesto a calentar hasta que finalmente hierve en múltiples remolinos y burbujas que chocan entre sí, con una orquesta en la que cada músico decidiera afinar su instrumento en un tono particular y tocara una melodía diferente en clave y tiempo distintos. Plantean que: "Cuanto mayor sea el abanico de conductas dentro de la orquesta, mayor es el grado de libertad" (Briggs y Peat, 1999). En aquel ejemplo, el vórtice sería el producto sonoro resultante de la interacción de los sonidos procedentes de cada uno de los instrumentos de la orquesta.

Adicionalmente, Briggs y Peat señalan que los científicos descubrieron que si el agua se calienta en las condiciones adecuadas, por debajo del punto de ebullición, se produce una transformación y el agua se *auto-ordena* en un modelo de vórti-

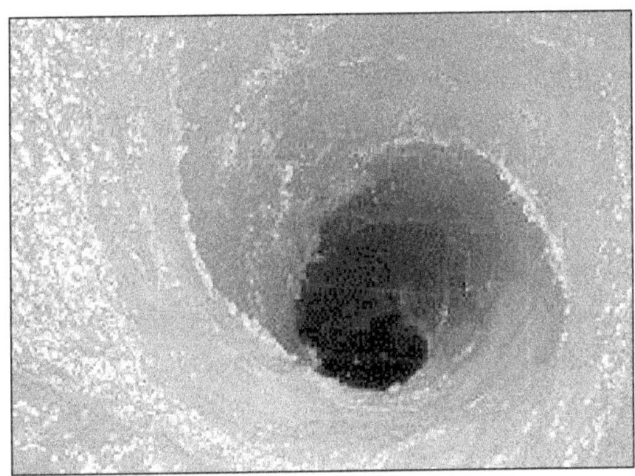

Figura 29. Vórtice.

ces geométricos. Para que esto suceda, primero debe alcanzarse algo que se llama "punto de bifurcación" o punto de salida. Entonces el sistema se transforma a sí mismo. Se establece una retroalimentación intentando que el sistema se vuelva estable, conocida como retroalimentación negativa.

Hablamos entonces del trabajo simultáneo de muchos elementos que retroalimentan el sistema, algo similar a lo que menciona el neurólogo Rodolfo Llinás con respecto a lo que sucede con las neuronas en nuestro cerebro[20].

Un segundo tipo de retroalimentación es la que sucede al acercar un micrófono encendido al altavoz que lo amplifica, la cual redundará en el incremento de un armónico en volumen hasta que hace estallar el cono. Esta se conoce como retroalimentación positiva.

Los sistemas caóticos positivos, como el río o la retroalimentación del parlante, son turbulentos y desordenados, pero cuando los rizos de retroalimentación positiva y negativa se acoplan, pueden crear un nuevo equilibrio dinámico; un punto de bifurcación donde la actividad caótica repentinamente se diversifica dentro de un orden y sobrevivirán sólo si hay un constante flujo de energía y material. Nosotros mismos somos un claro ejemplo

---

[20] Véase entrevista al final con Edgar Leonardo Puentes.

de ello, ya que nuestro impulso vital sólo se sostiene con el flujo constante de lo que comemos, respiramos y el medio en el que nos encontramos interactuando.

LAS TEMIDAS TURBULENCIAS

El término Turbulencia deriva del latín turbulentĭa y se refiere a la condición de aquello que es turbulento: desordenado, agitado o turbio (Pérez Porto, 2020). Quizá lo turbulento sea el elemento del caos más representativo en tanto que se asocia con situaciones y fenómenos evidentemente erráticos y desordenados. Para muchas tradiciones, por ejemplo, en los rituales de iniciación se trata, justamente de generar, una turbulencia física y metafísica, con el ánimo de generar una nueva auto-organización, un renacimiento como un ser nuevo y transformado. Como dice Eliade: "el retorno simbólico al caos es indispensable para toda nueva creación" (Eliade, 2001).

Esas situaciones turbulentas, por lo general, nos producen desconcierto, dolor, frustración y hasta impotencia con respecto al cómo solucionarlas pero, según Briggs y Peat, pueden animar a que se produzca una nueva *auto-organización*. Para ellos, suelen ser las experiencias caóticas de la vida la base de muchas creaciones artísticas y, citando al poeta John Keats señalan que decía: "la entrada en el caos es una inmersión en las *dudas* y las *incertidumbres*" (Briggs y Peat, 1999).

Para nuestro interés, las turbulencias pueden ser vistas de dos formas: como el entramado de situaciones internas del compositor, como estado antes y durante la creación de la obra, o en lo musical propiamente dicho, lo que remueve en el sistema creado una parte clímax, un compendio de eventos sonoros en los que confluyan variantes desordenadas y aleatorias, como por ejemplo las masas de sonidos que conocemos como *cluster*, o racimos de sonidos azarosos que conforman una suerte de acorde disonante o la libertad. Según mi apreciación, la libertad de todos los elementos en un fluir desordenado, como en los segmentos de música contemporánea, donde cada instrumentista toca de manera indiscriminada, sin tener en cuenta el resto de sonidos de los otros ejecutantes. Quizás podría ser considerada una turbulencia.

EL ALETEO DE LA MARIPOSA

Como ya dijimos, todo afecta todo y, en la música, la aparición de cada nuevo elemento en relación con los otros, resulta en diversas sensaciones y efectos acústicos que mantienen una especie de cohesión discursiva.

El término "efecto mariposa", acuñado por el meteorólogo y matemático Edward Lorenz, está relacionado con la sensibilidad a variaciones pequeñas en las condiciones iniciales, y los efectos sobre la predicción del clima atmosférico a largo plazo (Madrid, 2010). Como resumen Briggs y Peat, proviene de un proverbio chino que dice que el poder de las alas de una mariposa puede percibirse al otro lado del mundo (1999).

En ese sentido, el efecto mariposa resulta ser muy apropiado en comparación con el comportamiento de los elementos particulares dentro de las obras musicales: al describir los cambios que se pueden generar en un sistema a causa de una pequeñísima modificación, nos muestra cómo sutiles variaciones en la música pueden generar cambios sustanciales y que hasta pueden resultar inesperados para el compositor.

James Gleick, por su parte, explica que dadas unas condiciones iniciales de un determinado sistema dinámico caótico (más concretamente, con dependencia sensitiva a las condiciones iniciales) cualquier pequeña discrepancia entre dos situaciones con una variación pequeña en los datos iniciales, acabará dando lugar a situaciones donde ambos sistemas evolucionan en ciertos aspectos de forma completamente diferente. Hablamos, entonces, de una retroalimentación del sistema caótico (Gleick, 2012).

Figura 30. Atractor caótico de Lorenz: Aparece en sistemas no lineales, que tienen una gran sensibilidad a las condiciones. Su forma de alas inspiraría el nombre "efecto mariposa".

FRACTAL: LA PARTE Y EL TODO

Aclaremos, primero, que a pesar de estudiarse recurrentemente el fenómeno fractal en relación con la teoría del caos, su comportamiento dista mucho de generar cambios inesperados. Más bien, se asocia justamente con una simetría y regularidad muy precisa[21].

Un fractal es una figura que puede ser espacial o plana, formada por componentes infinitos. Su principal característica es que su apariencia y la manera en que se distribuye estadísticamente no varían, aun cuando se modifique la escala empleada en la observación. Los fractales son, por tanto, elementos calificados como semi-geométricos ya que por su irregularidad no pertenecen a la geometría tradicional. Disponen de una estructura esencial que se reitera a distintas escalas (Pérez Porto, 2020). Benoît Mandelbrot, experto en matemática, fue el responsable de desarrollar, en 1975, el concepto de fractal, el cual, proviene del vocablo latino *fractus*, que puede traducirse como "quebrado" (Clarke, 1994).

Existe una infinidad de estructuras naturales que presentan comportamientos similares a los fractales como, por ejemplo,

---

21 Véase: entrevista al final con Luis Hernando Cárdenas.

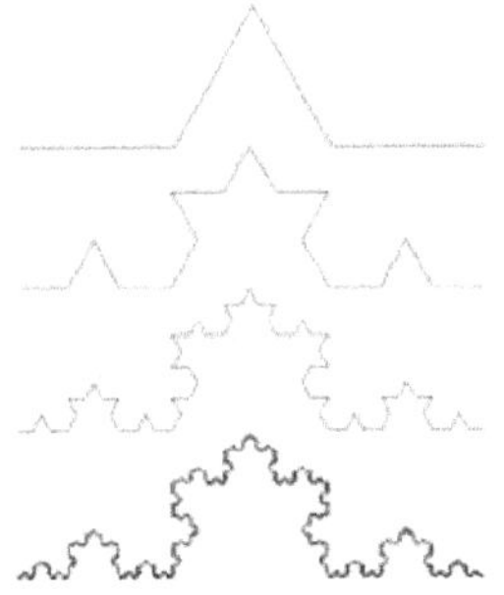 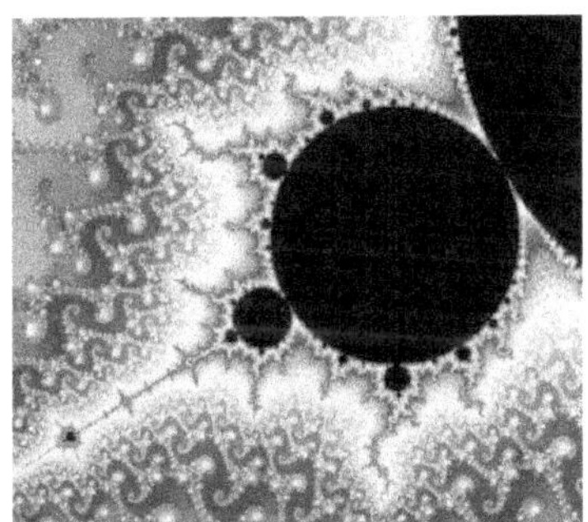

Figuras 31 y 32. Fractales.

las hojas de los helechos, las plumas de las aves, los diseños de manchas de animales, los copos de nieve, las manchas de los leopardos, las piñas del pino entre muchas otras.

En ese sentido, me atrevo a afirmar que tales formas reiterativas podrían ser inspiradoras a la hora de hacer nuestras creaciones artísticas, como es el caso de los cielos estrellados en las pinturas de Vincent Van Gogh (que cuentan con estudios al respecto) o algunas obras de Jackson Pollock, entre otros[22]. En música, por su parte, ya se generan *efectos* fractales mediante el uso de software especializado, por ejemplo, con el efecto de delay (retardo) con el que se pueden replicar digitalmente sonidos, secuencias melódicas o arpegios idénticos en el transcurso del tiempo, con la ayuda de algoritmos matemáticos: lo que hace es grabar la muestra y repetirla a voluntad del intérprete o creador, quien además, elige la distancia entre cada repetición, para generar todo un entramado sonoro cuando cada parte se sobrepone sobre las otras, o con los *loops*, que se tratan de muestras rítmico-melódicas que se repiten de manera exacta a voluntad del compositor.

De acuerdo con Mandelbrot, los fractales pueden presentar tres clases diferentes de auto-similitud, lo que significa que las partes tienen la misma estructura que el conjunto total:

---

[22] Vincent Willem Van Gogh, pintor neerlandés (1853-1890) y Paul Jackson Pollock, pintor estadounidense (1912-1956).

- Auto-similitud exacta; el fractal resulta idéntico a cualquier escala.
- Cuasi-auto-similitud, con el cambio de <u>escala</u>, las copias del conjunto son muy semejantes, pero no idénticas.
- Auto-similitud estadística; el fractal debe tener dimensiones estadísticas o de número que se conserven con la variación de la escala.

En el artículo "La música Fractal", los autores referencian el libro de Mandelbrot *A life in many dimensions* (La vida en muchas dimensiones), de 2015, y afirman que constituye una antología de música fractal. Según ellos, uno de los descubrimientos más importantes expuesto en este libro es la existencia de música fractal desde hace más de seis siglos, y muestran la obra del compositor brasileño Dmitry Kormann[23], como un ejemplo de música fractal contemporánea. En el artículo aseguran que la era de esta clase de música comienza con la transcripción de las representaciones gráficas a sonidos mediante programas como *Coagula* o *Metasynth* (De León, 2016).

El no-Equilibrio

Como vemos, la relación entre orden, caos y complejidad no es estática, sino que conforma un entramado de *estructuras disipativas* que presentan cambios, y cuyas trayectorias dependen de múltiples factores que se afectan entre sí, hasta que agotan su energía y se extinguen. La música en sí misma es una estructura disipativa. Sobre tales estructuras Ilya Prigogine señala:

El no-equilibrio es creador de estructuras llamadas disipativas, porque sólo existen lejos del equilibrio y reclaman para sobrevivir una cierta disipación de energía y, por tanto, el manteni-

---

[23] Dmitry Kormann es un compositor y teclista de São Paulo, Brasil. Trabaja principalmente en música en vivo y multimedia, que basa en su investigación sobre los procesos de composición algorítmica y sus intereses en músicas electrónicas. Actualmente reside en Birmingham, Reino Unido.

miento de una interacción con el mundo exterior. Al igual que una ciudad que solamente existe en cuanto que funciona y mantiene intercambios con el exterior, la estructura disipativa desaparece cuando deja de ser "alimentada". Ha sido muy sorprendente descubrir que, lejos del equilibrio, la materia tiene propiedades nuevas. También asombra la cantidad de comportamientos posibles (Prigogine, 2004).

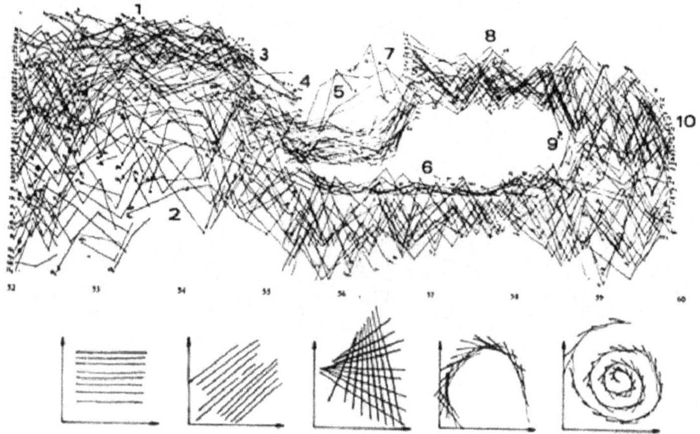

Figura 33. Partitura de Iannis Xenakis.

CAPÍTULO 4

LA CREACIÓN MUSICAL: BUSCANDO SER LIBRES

"Nosotros, como todos los seres, sólo somos entes en cuanto arriesgados en el riesgo del ser. Sin embargo, como vamos juntos en el atrevimiento siendo los seres que quieren, somos más arriesgados y, por eso, más expuestos al peligro".

MARTIN HEIDEGGER

HABIENDO SEÑALADO YA los conceptos y los hechos históricos, en relación con lo que deseo plantear, es hora de comenzar a hablar de los protagonistas del hecho artístico musical, es decir, del creador, su obra, el contexto y el escucha, para vislumbrar cómo todo aquello conforma un nuevo universo en el que se despliega el naciente acto de habla.

EL CREADOR MUSICAL

Se trata del creador artístico cuyo producto surge de las *turbulencias* que lo han afectado en el transcurso de su vida. Éstas, a su vez, son las que generan búsquedas, avalanchas de creatividad y de propuestas, que van entretejiendo diversas formas de expresarse, hasta conformar su manifestación a través de su obra[24].

---

[24] Véase: entrevista incluida al final de este libro donde se conversa con el músico y divulgador científico Edgar Puentes.

A lo largo de la historia en muchas culturas han surgido millones de compositores y de creaciones espléndidas en un impresionante despliegue creativo; muchas se produjeron dentro de los cánones establecidos o de sus mutaciones: toda regla comienza a llegar, luego de un tiempo, a una especie de agotamiento. Los nuevos compositores exploraban nuevas combinaciones, e incluso, se atrevían a desafiar el poder dominante a expensas de represalias que los podían conducir a consecuencias graves, que podían ir, desde el desprecio o rechazo, hasta la muerte. Arriesgándose a pisar sobre terrenos peligrosos, los músicos no concebían la idea de una creación musical, en todo el sentido de la palabra, si esta debía apegarse a moldes. Los innovadores no deseaban ser controlados sino controlar, siquiera, su propia obra.

El deseo de controlar

Asumiendo entonces que, por lo general, el ser humano desea controlar su vida, aprovechará su capacidad de recordar, entre otras cosas, desastres del pasado para imaginar las posibles calamidades del futuro y "prever" un plan. Siendo ese su objetivo, por mucho tiempo se ha valido de magos, adivinos, hechizos, plegarias o mediante la *consecución* del favor de dioses o de las fuerzas invisibles de la naturaleza. El *control* de los elementos será parte fundamental de las creaciones humanas y, gracias ese anhelo de ordenamiento que pretendemos del caos, en la mayoría de los casos, esperamos que lo construido perdure o se desenvuelva según nuestro diseño previo. Soñamos con la posibilidad de eliminar la inseguridad a través de la conquista y el control de la naturaleza.

Entonces, haciendo uso del "don" o "talento", el artista, ayudado por la *locura* de la creatividad (o, en otras palabras, por el caos que se genera en su interior) procurará, en la mayoría de los casos, que su obra nazca y que no sea una copia de las demás, repitiendo modelos preestablecidos, sino que, se manifieste de manera original y logre expresar lo que él, finalmente, desea. En definitiva, dentro del entramado de pensamientos que atraviesan su mente, lo que busca con lo creado, es *ser libre*, lo que no significa ir a la deriva, sino poder controlar el recorrido y el destino, poder elegir los sonidos y dar su orden específico, inclusive, que si llega a los terrenos de la incertidumbre, sea por su propia elección el adentrarse en ellos[25]. El artista siempre soñará con el mágico momento donde al fin, pueda *dejarse ir* en una avalancha creativa y caótica, para crear su acto de habla.

Tal anhelo, por supuesto, casi siempre es utópico, porque desligarse por completo de los modelos ya establecidos puede implicar la ruptura hasta con las concepciones básicas. Los modelos predeterminados por lo técnico o lo estético, pueden pasar a un segundo plano pero es raro que desaparezcan por completo.

La obra: el acto propio de habla

Más allá de ese intento de controlar y definir la realidad, dentro de la composición de la nueva obra se extiende un reino de ambigüedad en el que conviven e interactúan diversos elementos y que, si se le observa en profundidad, puede abrir puertas a dimensiones creativas que se vuelven más complejas. El trabajo del compositor se centrará en corregir lo *equivocado* y adicionar lo faltante, para que la naciente obra vaya cobrando vida. La *sutileza* se presentará, justo allí, donde se presta atención los detalles, es decir, en los sitios puntuales donde el creador verificará una y otra vez su acto de habla, buscando una perfección que se traduzca en coherencia entre su intención y lo logrado.

Dado que hablamos de *dar vida* a una obra, me parece pertinente mostrar un apartado sobre la influencia del caos en los sistemas vitales de la experta Rosa María Ravera:

---

[25] Véase: entrevista al final con el compositor colombiano Rodolfo Acosta.

"El orden no es ya pensado como condición totalizadora sino como duplicación y despliegue de simetrías que ahora aceptan las asimetrías y las impredecibilidades. Se comprueba que cuando la ciencia contempla la novedad, lo imprevisible y lo no inteligible, sin concebirlos como residuos que en algún momento podrán ser eliminados con el avance de los conocimientos sino, más bien, desde una interioridad generadora de auto-organización, operante entre el orden y el caos, allí se acerca a la vida (Ravera, 1998).

En ese sentido, hablamos de conseguir una especie de equilibrio entre los elementos. Al respecto Ravera señala:

Ilya Prigogine, objetando una expresión de Schrödinger quien comparaba la estabilidad de la vida con el funcionamiento de un reloj bien construido, hace notar que ese carácter se asemeja, más bien, al equilibrio inestable de una ciudad en relación fluctuante con el entorno, con el campo que la rodea, siempre Inserta en una red de interacciones múltiples. O sea, involucrada permanentemente, como sistema abierto, en situaciones creativas de no equilibrio. Asistimos entonces a la emergencia de un nuevo orden, a la aparición de organizaciones que logran desencadenar la propia creatividad poniendo al desnudo una básica dimensión temporal evolutiva, aquello que se ha dado en llamar la " flecha del tiempo" (Ravera, 1998).

Finalmente, al culminar todos esos procesos, la obra pasará a la etapa de producción, donde los músicos y los ingenieros de sonido trabajarán en conjunto para convertirla en un objeto tangible dentro de un trabajo que, seguramente, también tendrá situaciones que no se habían predicho: condiciones de grabación, de los equipos, de la edición y mezcla, etc., y si se trata de ser interpretada en vivo, la interpretación del músico y las condiciones técnicas del sonido.

Suponiendo que ya todo ese trabajo se ha hecho, hay un siguiente elemento en esta cadena que ha de ser tenido en cuenta, pues es el que va a consumir el producto creado: el escucha.

LA PERCEPCIÓN DEL ESCUCHA

Como sabemos, la vida musical de cada ser humano comprende todo lo escuchado, es decir, todo lo percibido (con o sin intención), lo disfrutado, lo sufrido, lo odiado, y como intérpretes instrumentistas del quehacer musical: desde lo tocado hasta lo que se intentó tocar. Como diría el músico Josep Romero: "La reproducción de nuestra memoria audiovisual obedece a la reactivación de unos estímulos provenientes de impactos emocionales previamente establecidos" (Romero Fillat, 2011).

Esta relación entre el público, lo que escucha y lo que recuerda, puede plantear (o no) para el creador musical el interés de establecer caminos comunes con quienes pueden ser consumidores de su creación, para que su obra pueda ser comprendida y disfrutada. Si el objetivo es atravesar la diferencia del otro, puede llegar a encontrar una compatibilidad entre su realidad propuesta y la que *vive* ese otro. La riqueza de su lenguaje artístico para quien escuche su creación estará, justamente, en la subjetividad de lo que "trae" o evoca en lo simbólico.

Entonces, nos referimos a aspectos que van más allá de la mera colocación de los sonidos, de hecho, algunos expertos plantean que para los escuchas, esa *metafísica* de la música sólo se construye a fuerza de analogías y transposiciones metafóricas. Señalan, además, que la música actúa sobre el hombre, sobre su sistema nervioso e incluso sobre sus funciones vitales y que se instala en nuestra intimidad pareciendo fijar allí su domicilio (Jankélévitch, 2005).

Con respecto a ese nuevo universo, en el que se pueden pretender relaciones de compatibilidad entre creador y quien *consume* lo creado, el filósofo y antropologo argentino Rodolfo Kush, llama al creador (artístico) un gestor y manifiesta la relación de su gestión con lo popular así:

Un creador no es más que un gestor del sentido dentro de un horizonte simbólico local, en una dimensión que afecta a todos, o sea que es popular en tanto corresponde al requerimiento implícito de todos los "habitantes" (Kush, 1975).

Se puede deducir, entonces, que la nueva creación será *popular* en tanto los escuchas se identifiquen con ella y, en este punto, surgen nuevos paradigmas caóticos para el quehacer artístico: ¿Quiero que mi obra sea popular? ¿Debo ceñirme a los patrones que los escuchas reconocen? ¿Me interesa que le guste a esta o aquella persona? ¿Me interesa su opinión? ¿Qué criterio de escucha y de juicio sobre mi obra tiene alguien a quien simplemente no le gusten los sonidos que percibe?

Infortunadamente, cada una de esas preguntas requeriría análisis profundos, que nos remitirían a temas como la opinión, la cultura, el gusto etc., y, a pesar de relacionarse caóticamente con la creación artística, no son el objetivo de esta obra, pero lo que si abordaremos es ¿cómo escuchamos? Pues, parece ser, no somos tan libres de escoger como pensamos.

El oído configurado en el orden, le teme al caos

Para Sztajnszrajber[26], algunos esquemas de poder han sido impuestos de tal manera que se naturalizan y salirse de los límites lo pone a uno en terrenos de la monstruosidad, de lo incomodo, de lo que molesta, y da angustia no pertenecer al orden establecido.

Estudios al respecto de cómo escuchamos señalan que el oído musical está acostumbrado a escuchar con base en referentes y asociaciones precedentes, y cada persona, con base en dicha configuración, se emocionará con lo escuchado musicalmente, o lo desechará.

---

[26] Parafraseando las palabras del filósofo de su conferencia "El género en disputa" disponible en [https://www.youtube.com/watch?v=uwkRrgCGwiA].

El científico Michio Kaku, en el documental "La cuarta dimensión", propone que escuchamos dependiendo de la dimensión en la que habitamos. Afirma que el oído de cada ser humano se configura de acuerdo al medio en el que vive y se desarrolla y las relaciones que se dan entre todo lo escuchado durante el trascurso de su vida (Oxley, 2012).

Esto lo podemos comprobar, fácilmente, al ver el comportamiento de una persona cuando entra en contacto con las músicas de otra cultura. La reacción, por lo general, se trata de desconcierto en tanto que no comprende la organización sonora, de hecho, lo nunca antes escuchado le puede parecer desagradable e inaudible. Al respecto, existen algunos experimentos realizados con personas de diferentes culturas, que nunca estuvieron en contacto con músicas determinadas o determinados sonidos, que demostraron que en ocasiones no se escucha lo que no se conoce[27]. Literalmente, el cerebro no reconoce aquello con lo que nunca tuvo contacto o algo que jamás pasa, porque solo "ve" lo que ha sido producto de las configuraciones previas.

En la película "¿Y tú qué sabes?" de 2004[28], se muestra un ejemplo de este fenómeno: relata una historia en la que los habitantes aborígenes americanos no pudieron ver acercarse las carabelas de Colón, inclusive teniéndolas a pocos metros de distancia, pues jamás se habrían imaginado que algo así pudiera suceder. En resumen, la configuración del pensamiento o, en otras palabras, del oído, determina la escucha. Por ello, es comprensible que las músicas populares, cuyo interés suele ser comercial, hagan uso de los clichés o los gusanos auditivos[29]

---

27 Toulambi: Primer contacto con el hombre blanco [Archivo de video]. Obtenido de: [https://www.youtube.com/watch?v=ZzjlvDkgWrA].

28 "¿Y tú qué sabes?" (2004) [Película documental]. Obtenido de: [https://www.youtube.com/watch?v=JDohavL0xr8].

29 Gusano auditivo o earworm: Se refiere a segmentos musicales que por sus características resultan pegadizos.

para ganar audiencia fácilmente (Romero Fillat, 2011), y a su vez, que las músicas que no los usan, requieren un tipo diferente de apreciación: permitirse escapar al orden tradicional, para ingresar a la comprensión del nuevo orden propuesto.

Las nuevas músicas experimentales, proponen escuchar cada momento de manera atenta con la posibilidad de sorprenderse ya que no se apegan a los clichés de las músicas convencionales. Adorno, en contraposición a la escucha de los patrones recurrentes y predecibles de la música popular y comercial, propone una disposición activa: recuperar la escucha como instante de entrega exclusiva y muy atenta al sonido (Hernández Iraizoz, 2013).

En ese sentido, para el escucha ordinario, desligarse de cómo se aprendió a escuchar puede llegar a ser semejante a desprenderse del lenguaje con el que uno aprendió a comunicarse y a su vez, educarse y atreverse a expresar algo de otra forma. Sería como caminar sin un piso firme, dando pasos a tientas como en la oscuridad y por supuesto, se produce un miedo y una resistencia naturales con respecto a lo que se pueda encontrar.

Escapando al orden

Los fenómenos históricos, el momento social y la interacción que el compositor tenga con lo que lo rodea, genera y modifica la selección y el manejo de los elementos que utiliza. Justamente, referirse a la inspiración que conduce a su obra, es referirse al entramado de situaciones por las que atravesaba en relación con las ideas principales.

Un ejemplo claro es el caso del pintor Francisco Goya, quien muestra cómo su obra tiene dos facetas: mientras que pintaba oficialmente para las cortes y la realeza cuadros de retratos donde los personajes se ubicaban en posiciones heroicas o manifestando grandeza, por otro lado realizaba series de grabados a escondidas donde retrataba temas abiertamente subversivos para la época. Su necesidad de comunicar lo que no se podía hacer explícitamente, lo obligaba a buscar maneras alternativas de expresar y criticar lo que sucedía en su entorno y en el momento, y debía hacerlo de esa manera pues de lo contrario hubiera afrontado castigos o incluso la muerte (Biografías y vidas, 2018).

Así, muchos artistas fueron arriesgándose a plasmar en sus obras sus opiniones o críticas que apuntaban a temas sociales, políticos, religiosos, etc., pero siempre con el miedo de represalias del poder dominante. Solo hasta finales del siglo XIX el panorama occidental permitía ciertas libertades expresivas pero, es en la segunda mitad del siglo XX cuando se da una especie de Big Bang expresivo, y muchos se atrevieron a desmontar los modelos permitidos; se exploraron formas, materiales y estructuras que, en principio, fueron rechazadas y parodiadas, pero que, lentamente, fueron abriendo nuevas sendas hacia la libertad expresiva de los artistas.

En los términos que aquí abordamos, los poderes establecidos imponían un orden predeterminado según el cual los artistas debían dirigir sus creaciones, independientemente de sus deseos expresivos que, justamente se relacionaban con circunstancias caóticas y complejas de la existencia, pero, sólo con la caída de tales formas de gobierno y el posterior ascenso de nuevas ideas, poco a poco se iba abonando el terreno hacia la libertad de manifestaciones con contenidos mucho más personales.

Partiendo de ello, enseguida mostraré algunos ejemplos de ese avance expresivo, particularmente, en el terreno musical desde mediados del siglo XX hasta la actualidad, pero, aclaremos, por las dudas, que no se pretende hacer una descripción histórica de la música contemporánea en el sentido estricto, sino que abordaremos, únicamente, algunos casos puntuales que aportan claridad a lo que aquí intentamos poner de manifiesto, que es la presencia de elementos del caos y la complejidad en relación con la creación musical.

Figura 34. Piano preparado de John Cage, uno de los más importantes innovadores musicales del Siglo XX. Fotografía: The Irving Penn Foundation.

CAPÍTULO 5

CONFORMANDO NUEVOS UNIVERSOS

"Si escapa de su ser, ¿a dónde va? El artista está en su obra "y por eso es incapaz de observarse a sí mismo (...) Solo puede crear su mundo imaginario olvidándose del mundo real".

STEFAN ZWEIG

A CONTINUACIÓN, mostraremos algunos ejemplos concretos de la posible presencia de los elementos más sobresalientes del caos y la complejidad en la creación musical, con el fin de revelar lo inagotable que esta visión ofrece para el creador musical, sea éste consiente o no de su presencia. Exploraremos las interrelaciones subyacentes dadas entre tales elementos, sobretodo en la creación contemporánea, de las que Briggs y Peat afirman también tienen *modelos ocultos* que surgen al entrelazarlos (1999). Para nuestro estudio, afortunadamente, son incontables las búsquedas en las que parecen manifestarse los elementos del caos y la complejidad, afirmándose con sus despliegues, su inestabilidad y su aparente imprevisibilidad.

Paradójicamente, mientras que el orden, la complejidad y el caos *danzan* en ciclos en los que uno conduce al otro, comienza a haber desde la segunda mitad del siglo XX más gente que comprende esas nuevas propuestas revolucionarias de las obras que iban apareciendo en manos de los compositores que deseaban romper los esquemas del pasado, y se fue conformando un nuevo orden que, a su vez, iba creando nuevos públicos (universos) alineados con estas corrientes que mostraban fuerza, creatividad y novedad con respecto a lo que se venía escuchando desde mucho tiempo atrás. Por supuesto, así como se establecen esos nuevos *universos* para esas creaciones, nacen otros para sus detractores. Poco a poco, estos revolucionarios de las artes musicales lograrían crear realidades no convencionales que, lo quisieran o no los músicos tradicionales, se apartarían inevitablemente de los modelos propuestos por sus antecesores en sus respectivos ámbitos.

Alejandro Iglesias Rossi, compositor y director de la orquesta de instrumentos autóctonos y nuevas tecnologías de la Universidad Tres de Febrero de Buenos Aires, sostiene que, independientemente de que sea uno creador musical, dentro de los parámetros formales deterministas o dentro de las nuevas corrientes, lo importante es que la música creada realmente transforme. Con ello, se refiere a algo mucho más de contenido que de forma, una complementariedad entre lo creado y las intenciones, entre lo corporal y lo espiritual. En su artículo "Técnicas contemporáneas de creación y raíces culturales" nos habla sobre los elementos que deberían conjugarse para realizar una verdadera creación musical:

Así como no se puede hablar de la hipóstasis fuera de un contexto ascético, místico y escatológico, el componer tampoco puede ser pensado fuera de esos tres contextos. Cada una de nuestras composiciones debe ser un acercamiento a nuestro yo verdadero. Dicho de una forma operativa, si al terminar una obra sentimos que no hubo nada que se transformó en nosotros, si no hubo una *metanoia* de nuestro ser, esa obra se compuso en estado de ausencia espiritual, por tanto sin valor transformante, y más vale olvidarla. Las obras verdaderas son aquellas que nos llevan constantemente hacia territorios desconocidos, constantemente al borde del abismo, y, paradójicamente, el coraje de afrontar al abismo no lo logramos antes de

Fig 35. La Orquesta de Instrumentos Autóctonos y Nuevas Tecnologías, dirigida por Alejandro Iglesias Rossi.

tirarnos a él sino durante la caída misma. Es en la praxis composicional y no en una teoría en la que ocurre la progresiva iluminación de las potencialidades personales. Esto es algo fundamental, nuestra persona se aprehende existencialmente, a través de la experiencia espiritual. Componer es un desvelamiento hacia nuestro ser, y el joven compositor debe tenerlo constantemente en cuenta. Una historia medieval lo describe de forma fiel: "un hombre camina y pasa por una cantera, hay dos hombres golpeando piedras, le pregunta a uno qué es lo que está haciendo y éste le contesta: estoy rompiendo piedras; luego le pregunta al otro qué está haciendo y éste le dice: estoy construyendo una catedral" (Iglesias, 2001).

Simón Rodríguez (maestro y compañero de Simón Bolívar) escribía:

Véase a la Europa como inventa y véase a la América como imita. América no debe imitar servilmente, sino ser original. ¿Y dónde vamos a buscar modelos? Somos independientes pero no libres; dueños del suelo pero no de nosotros mismos. Abramos la historia, y por lo que aún no está escrito, lea cada uno en su memoria.

Pero, sobre las creaciones de los artistas musicales de los últimos dos siglos nos surgen nuevas cuestiones: Si el orden es lo que se anhelaba ¿Por qué se desgastó y dio paso a lo *nuevo*? Y frente a eso nuevo ¿Por qué se presentaba tanta resistencia? ¿Acaso no es contradictoria esta situación? Simplemente, ¿se podría tratar de que lo conocido nos puede llegar a aburrir? Tal vez, pero, lo cierto es que hemos visto que en el transcurso de la historia, nuestra curiosidad no se conforma con lo que ya conoce y busca nuevas alternativas. Si no hay caminos, el hombre los ha trazado.

Ravera, sobre los nuevos comportamientos del mundo, que ya no se basaban en el marco del orden, sino en la convivencia con lo caótico, afirmó:

> El descubrimiento de que lo que insufla tensión y ritmo, renovación a tales procesos no responde plenamente a mecanismos de orden racional. En su punto inicial ese empuje es energía vital aún no desplegada en potencialidades ideativas con las que, por lo demás, está siempre entrelazada. (Ravera, 1998).

De este periodo (siglo XIX, XX hasta la actualidad), se destacan innovadores de la música académica y electrónica como Arnold Shoenberg, Cage, Debussy, Russolo, Varése, Shaeffer, Stockhousen, Martenot y muchos otros, inicialmente, dentro de los ámbitos de la armonía tonal (marco del orden), pero también, posteriormente, cuando asoman las estructuras disipativas del caos, donde aparecerían elementos sorpresivos y hasta *"ruidos"* producidos por instrumentos electrónicos como sintetizadores[30].

Todos aquellos nuevos creadores de música, vivieron una época de numerosos cambios en todo sentido que removieron o, simplemente, reemplazaron las anteriores formas. Luego Ravera, refiriéndose a Leibniz y su noción de fuerza como energía vital que interactúa con miles de elementos también vivos, afirma:

> Y si Pierce, en el siglo XIX inaugura conceptos de la nueva ciencia que en nuestros días dio pasos radicales para abandonar el criterio de certeza cartesiano y avanzar hacia estructuras de no equilibrio en dirección a un universo de posibilidades, otro filósofo, en el siglo

---

[30] Véase: entrevista del experto en música de síntesis Jorge Castillo al final.

XVII, descubrió una noción clave, la de fuerza sin la cual las invenciones del arte, de la ciencia y de la filosofía, como fenómenos esencialmente dinámicos, parecen carecer de una comprensión última y profunda. Se trata de aquel adolescente que meditaba, prematuramente, sobre la validez de la sustancia, sobre la inconveniencia de pensar el mundo como una máquina inerte." Y añade: "El descubrimiento de un continuum complejizado por la infinitud de sus repliegues, atento al valor del individuo, inaugura un pensamiento dinámico realmente alentador para los estudios de estética (Ravera, 1998).

Tales exploraciones, paulatinamente, también se adoptaron en las músicas populares (Herrera, 2010), dando surgimiento a nuevos estilos y géneros, como el rock, el punk o fusiones donde las posibilidades creativas del caos y la complejidad se manifiestan, con consecuencias que cambiarían la forma de percibir la música en general. Hablamos de obras donde los conceptos formales y estructurales cambiarían de maneras radicales, prácticamente, hasta desaparecer. Los significados simbólicos ahora se sumergen y se hibridan en creaciones amorfas donde obra y contenido conforman unidades inseparables.

La materia sonora, antes afinada, temperada, fragmentada y agrupada en pulsos y compases, ahora pasaría a ser una construcción relativa y mensurable bajo criterios antes impensados. Las estructuras conocidas caerían y el mundo conocería nuevas formas de organizar el panorama musical.

El desmoronamiento del tiempo

Como sabemos, la música siempre sucede a través del tiempo y, para comprender cómo ésta va navegando sobre las olas del océano temporal, es necesario referirnos al tiempo del orden y el tiempo del caos. En el mundo del orden, los patrones regían la temporalidad sobre determinadas pulsaciones y sus agrupaciones. Se desarrollaron rítmicas basadas en la división del tiempo y en las partes iguales. Se buscaba equilibrio y éste dio paso a la forma. Las obras tenían partes iniciales y partes contrastantes, luego, también repeticiones y partes finales.

En el caos el tiempo es amorfo. La limitación de lo fragmentado desaparece. Se busca el reencuentro con la linealidad continua y con la irregularidad, lo que, innegablemente, destruye la confiabilidad que los académicos sentían hacia lo rítmico. La anarquía de los sonidos en el tiempo se somete, ahora, a la voluntad del compositor, el intérprete o del director.

Para comprender éste fenómeno musical, ayuda mucho abordarlo como situación presente en las sociedades actuales. El filósofo coreano Byung Chul Han señala que hoy se carece de la estructura temporal. Según su concepción, el tiempo ha perdido el *ritmo* (entendido como regularidad) y los *diques* que lo contenían se han abierto, no en términos de infortunio sino simplemente de diferencia, pues permite vínculos e interacciones antes desconocidos. Según su pensamiento, los cambios que se dan a través del tiempo en algo dotan de sentido aquello que cambia y, sugiere, que el movimiento y el cambio no generan desorden, sino un orden nuevo. Respecto a la velocidad de la vida propone que muy lenta atasca y muy rápida destruye el

Figura 36. Byung-Chul Han (Seúl, 1959). Fotografía del *Diario El País*.

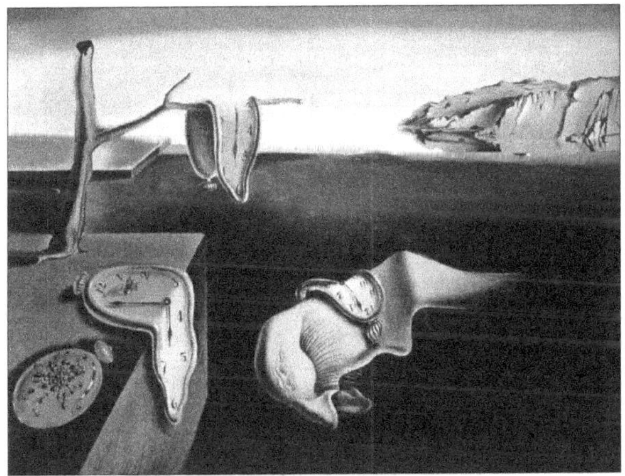

Figura 37. La persistencia de la memoria. Cuadro al óleo de Salvador Dalí. 24,1 x 33 cm.

sentido. Luego añade que los cortes y transiciones de las cosas les ayudan a dar sentido, y la falta de control hace que la narración pierda orientación y ritmo (Chul Han, 2015).

De otro lado, cabe señalar que en el pensamiento de Theodore Adorno[31] ya se advertían aquellos cambios; pero, quizá, fundamentados en crear un nuevo orden cuyo objetivo era manipular al hombre y la sociedad: "La estandarización estructural aspira a reacciones estándar" (Adorno, 2016). Desde su perspectiva, el sistema de orden imperante, ahora, se aprovechará de aquellas nuevas propuestas para diseñar productos afines a sus propósitos (Caballer Muñoz, 2015). Al referirse a los cambios en las músicas populares, señalaba la conformación de nuevos patrones muy repetitivos y manifestaba que la finalidad era volver *loco* a quien las escuchara. Para su visión, quien consume estos productos musicales prediseñados, se provoca a sí misma la desintegración.

[31] Theodor Wiesengrund Adorno nació en Francfort el 11 de septiembre de 1903. Estudió sociología, psicología, filosofía y música en la Universidad Johann Wolfgang Goethe de su ciudad natal, donde cursó el doctorado en filosofía.

Paradójicamente, mientras que las músicas académicas rompían con moldes rítmicos con objetivos expresivos, las músicas populares se veían influenciadas por la aplicación de fórmulas con finalidades tales que las podríamos llamar "destructivas", en lo psicológico y lo social, o como un orden cuya objetivo era el caos del individuo.

Pero no solo el ritmo y el tiempo musical serían presa de las nuevas organizaciones, sino que la melodía y la armonía también sufrirían cambios drásticos que a continuación intentaré exponer.

TRANSFORMACIÓN DE LA ARMONÍA Y LA MELODÍA

En esos procesos surgen las llamadas músicas *experimentales* en entornos electro acústicos, que son las que, además de mostrar, arduamente, su deseo de romper con lo preestablecido, exploran otros terrenos sonoros, aprovechando nuevas herramientas tecnológicas que se abrían paso en el nuevo mundo sonoro[32]. En ellas, el creador musical es quien dispone del sonido, en una suerte de ensayo y error, para determinar las relaciones de "coherencia" entre los elementos. En sus búsquedas, los elementos del caos hacen su aparición con fuerza y, pese a que toda composición implica *dar* un orden, los resultados suelen ser impredecibles[33]. En la mayoría de estas músicas, el panorama melódico y armónico ofrece innumerables posibilidades antes inexistentes: ya no hay un bajo sino sonidos graves, ni una melodía, sino agudos o sonidos que se destacan dentro del conjunto que se mueve de maneras no convencionales.

Las concepciones de acordes, frases, cadencias, tensión o distención, se verán fuertemente modificadas, sobre todo, en

---

[32] Véase: entrevista con Jorge Castillo al final.

[33] Véase: entrevista con Jorge Castillo al final, particularmente en lo referente al "sample and hold".

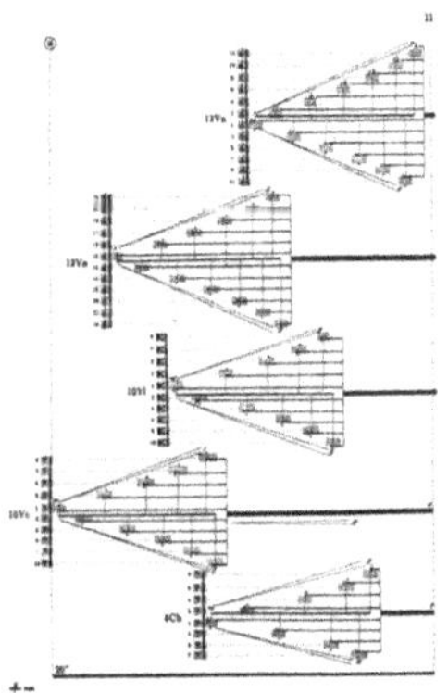

Figura 38. Imagen de la partitura de Threnody for the victims of Hiroshima" (1960) de Krzysztof Penderecki (1933). Se muestran las adiciones de sonidos asociadas con polifurcaciones rizomáticas.

su forma, pero también en su estructura. Con la aparición de las músicas experimentales, electroacústicas, electrónicas y digitales, es que se rompe, definitivamente, con todas las anteriores formas de escuchar.

Para que comprendamos mejor, Música electroacústica[34], en sentido amplio, es toda composición musical en la que se utilizan procedimientos electrónicos de generación o de modificación de sonidos, y que manipulen grabaciones de sonidos (generados electrónicamente, o bien, grabados en un medio natural acústico por medio de un micrófono) (Aharonián, 2002).

El pulso y la regularidad explícitos, pasan a un plano más *subliminal* si se quiere, o aparecen como deformados. La espacialidad se logra con efectos de *reverb* y aparecen resonancias que, en condiciones naturales, no son posibles. La música o la obra, transcurre en un tiempo que se va acumulando en el cerebro (como en un gran *recipiente)* en el que al fin, cuando ya no suena, se constituye como un todo mediante el recuerdo. La física, por su parte, en el siglo XX, postularía que tiempo y espacio, ya no son estáticos, sino que pueden estirarse o comprimirse. Los procesos compositivos en el entorno electroacústico comenza-

---

[34] Véase: entrevista con Jorge Castillo, al final.

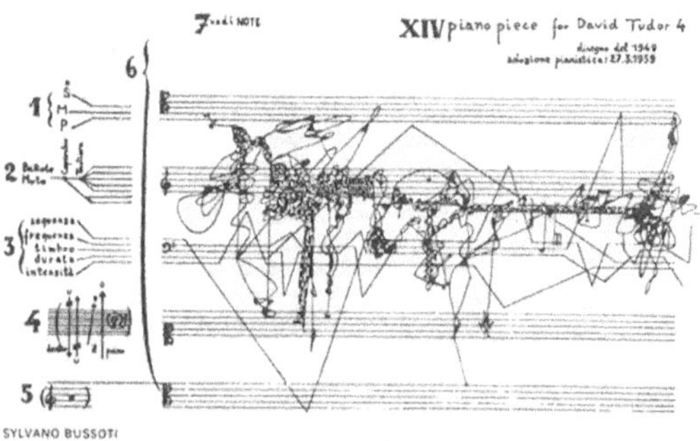

Figura 39. Partitura de Rhizome (1959) de Sylvano Bussotti.

rán a abrirse paso en búsqueda de la libertad en campos inexplorados, pero ya sin los límites planteados por el *orden* de las músicas populares o las llamadas clásicas o eruditas, el problema para el creador artístico está, justamente, en que al liberarse de lo preestablecido y, sabiendo que se puede disponer de casi cualquier cosa imaginable (y más con los avances tecnológicos), puede llegar a encontrarse en una incertidumbre total.

Por el lado compositivo, desarrollar cualquier creación musical innovadora como por ejemplo, componer en el lenguaje *electroacústico*, es comparable al aprendizaje de una nueva lengua, con las dificultades que sabemos esto implica; es tratar de pensar con otros códigos y adentrarse en otras formas de pensamiento o, en otras palabras, romper con la configuración previa de nuestra mente para permitirse escuchar con nuevos oídos. La misión del creador entonces será, correr el velo de la configuración auditiva en la que se encuentra, para poder hallar-gestar su acto de habla.

¿SE COMPRENDE EL MOMENTO ACTUAL DE LA MÚSICA?

Podríamos decir que hay dos grandes corrientes: una, la de la música comercial de la que ya hablamos, en la que las fórmulas efectivas económicamente son explotadas al máximo, y otra, la de los artistas que van en contracorriente, intentando enriquecer el panorama explorando y creando nuevas posibilidades. Por supuesto, como ya lo dije, escuchar propuestas novedosas suele requerir permitirse salir de la zona de confort, aumentar nuestra capacidad de asombrarnos y abordar el hecho musical como arte nuevamente. Si ese es el caso, podemos aventurarnos en desarrollar nuestra capacidad de invención y decodificación de nuevos lenguajes musicales, para comprender y generar nuevos ordenamientos musicales.

Infortunadamente, dado que el sistema capitalista empuja a la generación de dinero, lo que no sea consumido masivamente suele estar condenado a desaparecer, o a quedar relegado a públicos muy reducidos. Sobre este fenómeno, Beltramino, un investigador musical, afirma:

> En el campo de la música electroacústica, el desarrollo de los medios de producción no ha corrido parejo con el de las instancias de difusión ni, mucho menos, con el desarrollo de las capacidades receptivas imprescindibles por parte del público", y continua: "La aceptación del hecho de que la música electroacústica propone una escucha absoluta, radical, despojada de toda visibilidad, permite arriesgar la hipótesis de que el público, y ya no sólo el de la música electroacústica, es –en gran medida–, incapaz de "escuchar" realmente (Beltramino, 2003).

Por otro lado, actualmente se puede ver en las escuelas de música que, con frecuencia, el compositor, tras un estudio arduo de los patrones, técnicas, timbres y muchos otros modelos preestablecidos, se vale casi *mecánicamente* de elementos como la melodía, la armonía y el ritmo, para ensamblar, por fin, sus creaciones, en un proceso similar, a nuestro criterio, a la producción en serie del modelo económico capitalista. Es el orden el que prevalece y la creación se somete a estar dentro de marcos como la consonancia, la tonalidad, la métrica, la forma o, en lo popular, estrofas, coro, versos, puentes etc. Lo que se sale de tales límites, simplemente, es considerado un error, sin tener

Figura 40. Zygmunt Bauman (1925-2017). Fotografía: *Diario El País*.

en cuenta en muchas ocasiones que pasamos de un *modernismo cuadriculado y rígido* a un *posmodernismo líquido* donde las estructuras perdieron todo peso como analiza el filósofo contemporáneo Zygmunt Bauman (2003).

El arte conceptual se ha convertido en una feria de baratijas llenas de argumentaciones vacuas y hasta la música ha sido afectada. Alegando el rompimiento de los cánones del pasado, surgen hoy pseudo-artistas que conectan aparatos y los dejan sonar erráticamente. Un retorno al caos diría yo, y lo peor, es que como vivimos la época de los revolucionarios de redes sociales, sistemáticamente, estas propuestas carentes de contenidos simbólicos que recurren a cambios de forma, terminan produciendo un ruido blanco en el panorama musical experimental.

Pero, volviendo al intento de evidenciar los magníficos comportamientos de la naturaleza como inspiración de obras, realmente bien compuestas, quiero compartir con el lector la fascinante experiencia que tuve al escuchar una obra que logró *erizar* mi piel: "Threnody for the victims of Hiroshima" (1960) de Krzysztof Penderecki, y para ello, primero me tomaré la libertad de hablar de esos contenidos simbólicos que inspiran las obras.

Los contenidos simbólicos

Como he sostenido en este trabajo, las turbulencias presentes en la propia vida del creador musical serán un tema central en el nacimiento de las obras y, en ocasiones, han sido eventos catastróficos los que los han motivado a tratar de manifestar su dolor o su percepción de tales acontecimientos en forma de música. Muestra de ello son obras en las que los cambios sociales, la ausencia de sentido de la vida, los repentinos cambios producidos por las guerras, la pérdida y el desplome de las estructuras, están presentes, sea implícita o explícitamente, en la creación artística.

Con base en ello, algunos referentes estudiados en esta investigación abarcan diversos géneros, estilos y autores, pero todos ellos manifiestan, por una parte, los contenidos simbólicos de los que hablo, como obras artísticas, independientemente de que sean comerciales o no, y por otra, los comportamientos se pueden asociar con los elementos del orden, el caos y la complejidad según la visión aquí expuesta. Podemos mencionar como los más importantes:

- Albano Medvescigh "El jardín de las delicias" (2012).
- Richard Wagner, Vida y obra.
- Iannis Xenakis "Jonchaies" for 109 musicians (1977).
- Tristan Murail, Vampyr! Para Guitarra Eléctrica 1984, Gondwana 1980 Orquesta.
- Désintégrations (1983).
- Arvo part, Cantus in memoriam Benjamin Britten, Fratres, Tábula rasa.
- Fryderyk Franciszek Chopin, Vida y obra.
- Ricardo Mandolini, Canción de madera y agua (1982).
- Hans Zimmer, Bandas sonoras del cine, varias
- Ennio Morricone, Bandas sonoras del cine, varias.

Agrupaciones y artistas de rock y metal: Pink Floyd, Queen, Muse, Radiohead, Rammstein, Alice in chains, Bjork, Slayer, Metallica, Johnny Greenwood, Sonic Youth, Sepultura, Daft punk, Dommu Borgir, Artic Monckeys, Steve Vai, entre otras. Y una mención especial a los artistas de música protesta y folclórica por luchar, a través de la música, contra los órdenes establecidos que vulneran al indefenso, entre los que destaco: Víctor Jara (Chile), Mercedes Sosa (Argentina), Jorge Veloza (Colombia), Fabulosos Cadillacs (Argentina), Residente (Puerto Rico) y muchos más.

THRENODY FOR THE VICTIMS OF HIROSHIMA (1960)

Se trata de una pieza musical de Krzysztof Penderecky que surge de experiencias muy dolorosas vividas por el autor en conjunto con uno de los peores sucesos a los que se ha enfrentado la humanidad, como lo fueron los bombardeos atómicos sobre las ciudades de Hiroshima y Nagasaki en 1945 en la que a, mi criterio, los elementos del caos se manifiestan con contundencia:

> Según la deconstrucción hecha por el analista musical Alexander Carpenter, la obra muestra una técnica compositiva que se conoce como serialismo y el autor la dedicó para expresar el duelo a las víctimas de la bomba atómica lanzada sobre Hiroshima en el final de la Segunda Guerra Mundial. Señala, además, que la misma vida del autor se vio enmarcada en eventos catastróficos, como la ocupación de Polonia por los nazis en la que él observó crímenes de guerra escalofriantes, en particular "la gran tribulación" de Auschwitz, por lo cual esta obra se considera no solo emocionalmente potente, sino en gran parte autobiográfica (Carpenter, 2012).

Anthony Bannach, por su parte, describe una obra interpretada por 52 cuerdas, con efectos instrumentales como glissandos microtonales y que contiene elementos aleatorios controlados (representados gráficamente en la partitura), en los que los instrumentistas tienen a veces cierta libertad en la ejecución, haciendo sutiles variaciones de tono y duración (Bannach, 2013).

Figura 41. Krzysztof Penderecki (1933).

Penderecki, para la interpretación, también exige ejecuciones no convencionales para los efectos, incluyendo inclinaciones diversas entre el puente y la cuerda o golpear la caja de resonancia con los dedos. En términos de ritmo, no hay pulso regular y en las secciones individuales se mide el tiempo por reloj en minutos y segundos. El resultado es una obra de gran fuerza expresiva y una representación musical de sufrimiento humano. Cada sección de cuerdas, se involucra en una especie de diálogo con otras secciones, y el efecto de muchos instrumentos tocando a la vez glissandi, se asocia con el sonido de voces humanas lamentándose en una polifonía infernal. En palabras de Carpenter, "Es una vívida evocación de los horrores de la guerra" (Carpenter, 2012).

LA OBRA DESDE LA PERSPECTIVA DEL CAOS Y LA COMPLEJIDAD

A continuación, expondré las primeras analogías entre lo musical y los elementos del caos y la complejidad que, a mi manera de ver, se hacen presentes en la obra mencionada. Para ello, intentaré coligar tales elementos con los resultados sonoros; insisto, sin pretender que se tomen como pruebas científicas de lo que afirmo, sino, más bien como asociaciones libres basadas en similitudes que pude percibir.

Atractores: En la música, los patrones rítmicos repetitivos y la ejecución de sonidos largos que se puedan mantener constantes, pueden presentar cierta similitud con el comportamiento de los atractores, en tanto su permanencia cíclica como sistema, más o menos, estable. En esa dirección, al escuchar el inicio de la obra y como se va desarrollando, percibimos que los largos sonidos de cuerdas frotadas se sostienen a pesar de ser cambiantes. Cuando se estabilizan masas sonoras, podemos pensar en una especie de retroalimentación positiva y negativa, gracias al flujo constante de energía que se mantiene de manera regular. Cuando se establecen las masas sonoras.

Vórtices y Turbulencias: La obra comienza con clúster de cuerdas frotadas en el registro agudo. Las notas siguen fluyendo de manera constante y se van convirtiendo en una masa que se establece por el flujo ininterrumpido de energía. Surge por el minuto 1.50 una aparente calma que luego se interrumpe con percusiones de los violines y más instrumentos. Aparecen percusiones y pizzicatos, sin un orden aparente, que van creciendo y, posteriormente, también conforman una masa. Esas sonoridades me llevaron a pensar en las pequeñas turbulencias que se dan en el flujo de los ríos cuando a su paso hay rocas. Si uno se acerca, escucha el sonido del rio en general pero en primer plano escucha el sonido de esas pequeñas situaciones particulares. Se manifiesta un aparente desorden, pero se logra casi homogeneidad.

Polifurcaciones rizomáticas: Desde el inicio de la pieza se comienzan a sumar sonoridades de violines que se pueden asociar con bifurcaciones. En el minuto tres, suenan emulaciones de caídas mediante glissandos. Se da la sensación de espacialidad lejana. Van apareciendo más notas muy agudas de violines hasta llegar a momentos de silencio. Cada vez, aparecen más clúster de sonidos que vienen y van de suave a forte. Hay esbozos de melodías tonales que no se completan. Los registros graves ejecutan trémolos que lentamente van desapareciendo hasta un silencio prolongado. Luego, aparecen percusiones y pizzicatos sin un orden aparente. Todo se ramifica como cientos de rizomas. La masa crece como el follaje de un árbol e inclusive de muchos árboles. Los trémolos de las cuerdas van y vienen, cíclicamente y acrecentándose, hasta desembocar en un enorme clúster que va disipándose hasta llegar al silencio.

Efecto Mariposa: Todo comienza con unos pocos sonidos en esta pieza pero, pareciera que lo que se va adicionando viene de un efecto de acción y reacción. Los resultados de la acumulación de sonidos son más tensionantes cuantos más elementos interactúan con comportamientos independientes.

Estructuras Disipativas: Muchas de las sonoridades elegidas por el compositor tienen un comportamiento disipativo, en tanto que inician con un impulso de energía que puede variar en su intensidad, pero, muchas de ellas, se van desvaneciendo, hasta que, por ejemplo, el acorde final va desapareciendo lentamente en un fade out (bajar progresivamente el volumen o intensidad) hasta llegar al silencio.

CAOS Y COMPLEJIDAD EN LA MÚSICA POPULAR

Las asociaciones con las características de la complejidad y el caos también las percibí en las músicas populares. Comenzando por el rock y el metal, sabemos que son popularmente conocidos por los efectos casi de trance que pueden generar. En mi caso particular, cuando escuchaba agrupaciones legendarias como Led Zeppelin o los solos de Jimmy Hendrix, mi mente se transportaba como a *otras dimensiones*, sin siquiera saber todo el contexto psicodélico en el que se enmarcaban, y por otro lado, cuando escuchaba las desbordantes sonoridades del metal, con bandas como Cannibal Corpse, Prodigy, Arch Enemy, Cradle of filth, entre otras, me sorprendía cómo podían organizar tales niveles de saturación sonora y timbres, cómo la voz gutural, que para muchos es nada más que ruido, en piezas donde se manifiestan exuberantes cantidades de energía. Tenía que haber orden por supuesto, pero un orden turbulento y apabullante.

Para entrar en contexto, recordemos que los años 60's fueron una época turbulenta dados los cambios socioculturales que se vivían en diferentes partes del planeta. Por un lado, el inmenso éxito mundial de la música "rock and roll" marcaría un hito en la historia de la música comercial y, por otro, se fueron abriendo paso otras corrientes que, a pesar de guardar el formato instrumental de lo que se conocería como música rock (guitarras eléctricas, bajo y batería), comenzaron a generar nuevos discursos, influenciados por las mencionadas circunstancias de la civilización occidental en dicho momento. La experimentación sonora, como un escape a lo convencional, comenzó a hacer uso de casi cualquier cosa como, por ejemplo, nuevos instrumentos (como sintetizadores, instrumentos folclóricos, entre otros), poquísimos elementos sonoros (como en el minimalismo académico), o saturaciones sónicas y ruidos como distorsiones acústicas o gritos, que caían en ciclos repetitivos, en ocasiones, casi interminables; había conciertos que duraban, inclusive, varios días como el caso del famoso Woodstock en 1969.

Pero ya, enfocándonos en el análisis que abordamos, decidí puntualizar en una agrupación que me atrapó desde el momento en que la escuché por primera vez y cuya sonoridad marcó una influencia muy relevante en la construcción del discurso de la obra de composición propia que describiré en este documento: Pink Floyd.

Se trata de una agrupación británica de rock, que estuvo conformada por los músicos: David Gilmour, Roger Waters, Syd Barrett, Richard Wright, Nick Mason y Bob Klose en diferentes momentos. Se destacó, principalmente, por sonoridades

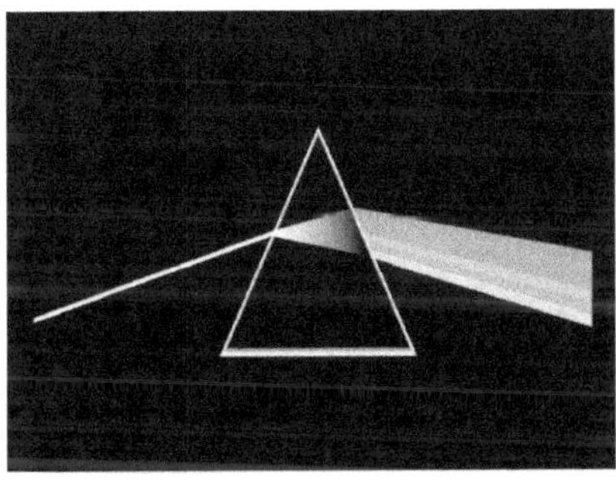

Figura 42. Imagen que representa el fenómeno de dispersión de la luz, en el que se basó Storm Thorgerson, de Hipgnosis, para idear la portada de The Dark Side of the Moon.

novedosas que rompían con los parámetros de la música rock comercial, mediante el uso de nuevas tecnologías de la época y elementos que relacionaremos aquí con el caos. Se suelen catalogar como banda de rock psicodélico y progresivo. Su música resaltaba por experimentos atonales y secuencias de sonidos producidas por sintetizadores, o mediante manipulación de las cintas de grabación, logrando una infinidad de nuevas sonoridades nunca antes escuchadas en el rock. Sus canciones abarcaban gran versatilidad y podían durar hasta 23 minutos. Según relata la historiadora colombiana Diana Uribe, los sonidos del grupo comienzan a identificar a toda una generación que se compone de los hijos de los soldados ingleses que fueron a la segunda guerra mundial. Su música, se empieza a asociar, indirectamente, con la pérdida del padre, con el dolor de la posguerra, en medio de la soledad. Señala que prueba de ello es su Álbum "The Wall", en el que, tanto la música, como la puesta en escena, refieren estados solitarios, depresivos y de aislamiento, mediante un enorme muro que literalmente separa la banda del público (Uribe, 2012).

Muchos de los que escuchaban la banda consumían substancias alucinógenas populares en la época, como la marihuana, el alcohol y el LCD, con lo que se facilitaban estados narcóticos de euforia en los que la gente se "transportaba" a mundos que se conocerían como psicodélicos, en una suerte de "ritual embria-

Figura 43. Foto de la banda Pink Floyd con instrumentos que usaron.

gador", similar a los que menciona (Eliade, 2001), en las tomas de bebidas espirituosas y los trances de los chamanes en muchas tradiciones alrededor del mundo. Pink Floyd se manifiesta de manera similar a los Chamanes, cuya fuerza modifica su entorno en una histeria colectiva, para que tanto ellos como los que los escuchan ingresen a otro universo en el que la realidad del mundo se deja atrás para sumergirse en un espacio y tiempo diferentes, con el fin de que estos jóvenes huérfanos de una guerra no se convirtieran en una amenaza para el sistema, los meten al mundo de las drogas acompañado de una música que busca romper sus referentes para dejarlos vulnerables. Como resultado, la agrupación adquiere fama mundial y lleva su show a diferentes partes del mundo.

Muchas características de la banda se pueden relacionar con la fragmentación del individuo en la posmodernidad y se mencionan aquí por los rompimientos de patrones establecidos.

Su nombre (flujo rosa en español), su trabajo visual y fotográfico, cargados de iconografías abstractas o surrealistas, e inclusive, los nombres de sus producciones, como por ejemplo su álbum *Echoes* (ecos), un vídeo del concierto, llamado *Delicate Sound of Thunder* (el delicado sonido del trueno) o *A Momentary*

Figura 44. Portada del álbum "The Division Bell" de Pink Floyd (1994). Se muestra la reflexión especular de dos máscaras confrontadas.

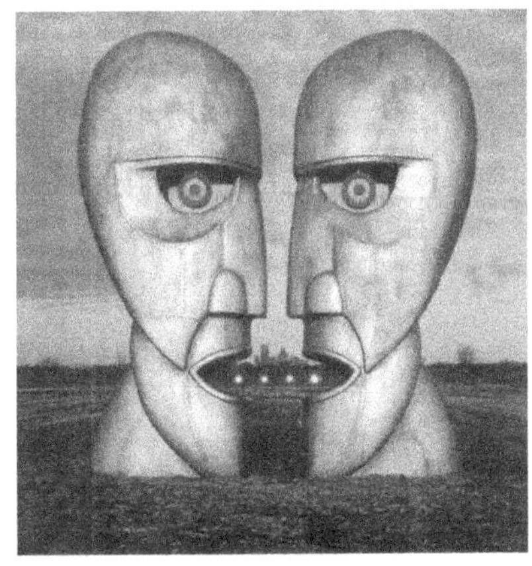

Lapse of Reason (pérdida momentánea de la razón) entre otros, son muestras de los intentos de manifestarse, no dentro de una musicalidad libre en su totalidad, sino dentro de otras dinámicas, independientemente de analizar los motivos que tuvieron los integrantes o quienes los apoyaron como parte de los acontecimientos sociales de la época. Su música es un referente de las turbulencias que atañen al ser humano en la vida moderna, como el miedo y el dolor, y pretende mostrar, justamente, que el orden impuesto por el mundo y sus gobernantes solo ha ocasionado desgracia. En ese sentido, el caos y la psicodelia son el escape hacia la libertad y lejos de lo que acongoja la existencia.

Las búsquedas de esta agrupación, y muchas otras que le seguirían, abrieron paso a músicas donde, prácticamente, toda experimentación se permitía; lo que, como resultado, dio origen a cientos de nuevos géneros dentro del mismo rock.

COMPLEJIDAD Y CAOS EN PINK FLOYD

De manera similar a la de-construcción que se hizo anteriormente con la obra de Penderecki, a continuación señalaré los despliegues del caos y la complejidad que, según lo planteado en este trabajo, se asoman en la música de Pink Floyd, pero hablaremos, particularmente, de una obra de 1971 que consta de ocho partes, llamada "Live at Pompeii"[35] (En vivo en Pompeya en español), donde interpretaban en vivo instrumentos y efectos, y cuyo vídeo fue dirigido por el director Adrian Maben y grabado en el anfiteatro en ruinas de Pompeya, Italia.

Atractores: Al principio, aparecen sonidos percusivos que imitan el latido de un corazón y que generan como un *bucle* (ciclos de repeticiones) con flujo constante de energía. Se van sumando sonoridades con paneos (el sonido se desplaza de izquierda a derecha y viceversa en los parlantes) que imitan el efecto Doppler, como si algo se alejara y se acercara. Durante toda la pieza, se generan momentos de repeticiones que se mantienen por largos periodos de tiempo, principalmente, sostenidas por el bajo eléctrico. Son ciclos, pero no repeticiones idénticas.

Polifurcaciones rizomáticas y efecto mariposa: En la parte dos emergen sonidos de cuerdas muy agudos y separados, que evocan como gotas de lluvia aisladas. Conforman una melodía sutil, acompañada de una contramelodía ejecutada en la guitarra eléctrica, con la ayuda del slide (un tubo metálico o de vidrio que se desplaza sobre la cuerda cambiando su frecuencia). Poco a poco se van sumando más elementos como acordes tonales, una línea melódica de bajo y la batería. Después de casi dos minutos de introducción de esos sonidos, se va conformando una "canción" en el sentido popular, cuyos despliegues la llevarán a versos cantados y coros, hasta lo que se considera como parte de clímax, con solos de guitarra y *tutti* orquestales que conforman masas sonoras muy tupidas, como vórtices y turbulencias, en momentos en los que manifiestan una especie de locura y éxtasis. Ésta sección dura casi doce minutos. Luego, en la parte cuatro (*A Saucerful of Secrets*), se llega a una improvisación con batería que involucra sonidos de gongs, clusters en tecla-

---

[35]   Live at Pompei. Obtenido de: [https://www.youtube.com/watch?v=Xc2X-VoYPa_E&list=PL52185A9807E203D0].

dos, golpes, efectos y rasgados en la guitarra eléctrica. Esta parte, que pareciera no tener ningún orden, se prolonga unos cinco minutos hasta que comienza a desvanecerse, para dar paso a una canción que retoma los elementos de la primera parte. Este fenómeno, que de hecho, se usa como recurso re-expositivo en la música académica, puede asociarse, también, con el retorno cíclico de los atractores. En otras palabras, volver a pasar por un sitio ya recorrido.

Estructura disipativas: El bajo interpreta durante los últimos minutos un bucle rítmico melódico que se va desvaneciendo junto con los demás sonidos lentamente en un *fade out* hasta llegar al silencio.

Complejidad: En adelante todos los elementos ya observados comienzan a entretejerse, por lo que haré una descripción de lo que sucede y cómo se manifiesta el caos y la complejidad en cada punto:

La parte tres, presenta un ostinatto (secuencia de notas repetida recurrentemente) de dos notas en la línea del bajo que persiste como soporte de melodías ejecutadas en órgano y guitarra eléctrica. Luego aparecen susurros vocales y gritos y la batería acelera su ritmo. Esta sección es otro ejemplo de turbulencia en tanto que crece como el cauce de un rio. De nuevo, aparecen solos instrumentales. Se generan momentos de repetición constante que se asemejan a los mantras (cantos rituales repetitivos). No se distinguen, particularmente, momentos habituales de versos o coro, sino un transcurrir de energía que se disipa.

La parte cuatro, inicia con sonidos de platillos, en apariencia, más aleatorios; percusiones de gongs y órgano. No hay regularidad rítmica, sino un despliegue que se acelera hasta unos ciclos repetitivos de la batería, que a su vez, se acompañan de más percusiones, pero, ahora de gongs, piano, y rasgueos de las cuerdas de la guitarra eléctrica. Hay efectos espaciales producidos con pedales. La masa sonora crece y se vuelve vertiginosa. No se establecen patrones armónicos, ni melódicos, sino, solamente ruidos en masa sobre una batería constante. Finalmente, como si la energía se fuera desgastando, van desapareciendo. Esta sección, en términos caóticos, es la más desbordante. Lentamente, aparecen sonidos de órgano y slides de guitarra con armonía y melodía que conforman, de nuevo, como en la sección anterior, una canción de carácter épico y majestuoso. Personalmente, me evoca la llegada a un sitio pacífico y paradisíaco luego de atravesar la tormenta. Los temas melódicos se van enriqueciendo con crescendos de intensidad y más ornamentación en la batería. Una especie de efecto mariposa. Posteriormente, la voz ingresa con una línea melódica emotiva hasta, finalmente, terminar con un acorde mayor en todos los instrumentos. Se trata de un desenlace lleno de emoción y éxtasis.

En la parte cinco, el bajo nuevamente se desarrolla ejecutando un patrón repetitivo. Eventualmente, suenan acordes de teclados y guitarras, que lentamente construyen solos instrumentales. Repentinamente, el bajo, con la ayuda de efectos de trémolo, queda sonando melódicamente, entre paneos de sonidos sintetizados y voces distorsionadas. De nuevo, las masas sonoras crecen, aparecen los platillos y gongs. La velocidad se acelera y se establecen patrones de acordes que suenan reiterativamente. Termina de manera repentina con efecto de viento. Es un ejemplo de complejidad deslumbrante.

La parte seis, similar a las anteriores comienza con *ostinattos,* pero esta vez, haciendo uso de escalas orientales y una especie de canto ritual. Remite a otras zonas geográficas. Las percusiones son estables y se mueven en patrones. Un ejemplo de construcción musical organizada bajo modelos muy marcados de una cultura específica. La velocidad va acelerándose y se va sumando la guitarra eléctrica con distorsión. El caos aparece como cuando hay un derrumbe en la naturaleza, y se desvanece de la misma forma, terminando en una calma densa, con sonidos sutiles de bajo, slides y efectos de delay (repeticiones) y sintetizadores con paneos. La velocidad se ralentiza, retomando el ostinatto melódico y el canto. De nuevo, pareciera que la energía se disipa, hasta dar fin a la sección.

La parte siete es reconocida por un experimento tímbrico bastante inusual. Se trata de una base de música blues, en el sentido estricto, con dos melodías que establecen un canto polifónico: una ejecutada en la melódica y la otra por un perro.

El último segmento construye la sensación de escuchar sonidos acuáticos y delfines mediante la manipulación de los sintetizadores. No hay regularidad rítmica. Recrean efectos espaciales donde la única melodía es el canto imitado de estos animales. Se adicionan sonidos como de viento que generan una masa reiterativa y tensionante. Aparece un acorde de órgano y de nuevo se va estableciendo una canción que retoma sonidos de las partes anteriores. Los bajos ostinattos y los patrones de batería regresan. La complejidad se va enriqueciendo por acumulación de sonidos e incrementos en el volumen. Nuevamente se presentan percusiones de platillos y gongs, sobre una batería que despliega su sonido de manera vertiginosa. Irrumpe de forma repentina la canción que se escuchó en la parte dos, con un cambio de letra. El desarrollo en adelante retoma recursos expresivos de las partes anteriores. Contrastan los momentos de acumulación sonora con sutiles melodías que evocan temas melancólicos. La pieza termina con la ejecución de tales melodías sobre una base lenta de guitarra eléctrica limpia y bajo. La energía se disipa, finalmente, con descenso de la velocidad, intensidad y un sonido vocal sintetizado.

LOS COMPLEJOS SONIDOS DE COLOMBIA

Colombia sí que se puede catalogar como un país complejo y caótico. Su multiculturalidad, sus diversos climas, su enorme

Figura 45. Blas Emilio Atehortúa Amaya
(1943-2020). Foto: Banco de la República.

cantidad de lenguas y dialectos, su variedad gastronómica, su biodiversidad, e infortunadamente, su largo historial de violencia y corrupción, son características que resultan en una población dispar y, en muchos sentidos, polarizada. Está situada en la región noroccidental de América del Sur y, en lo musical, popularmente, se ha reconocido por ritmos como el bambuco, la cumbia, el vallenato y, recientemente, por artistas de pop y reggaetón. Los géneros llamados tradicionales contienen influencias y elementos españoles, amerindios y africanos, que formaron la etnografía temprana del país, aunque las músicas más nuevas se ven permeadas por otras corrientes mundiales.

Desde los años 60, en el campo de la creación musical contemporánea y dentro de lo que se conoce como música académica, personajes como Blas Emilio Atehortúa, Mauricio Bejarano, David Faferbaum, Roberto García Piedrahita, Jacqueline Nova, Juan Reyes, Fabio González Zuleta, Rodolfo Acosta, entre otros, han venido explorando caminos, en términos de propuestas musicales y con la música electroacústica, dejando tras de sí obras que poco a poco han generado un ámbito que ha venido desarrollándose hasta hoy (Electrocd, 1998). Sus trabajos han involucrado sonoridades folclóricas, experimentaciones sonoras, exploración heurística etc., y también, la influencia de los revolucionarios personajes que aportaron cambios significativos durante los últimos siglos en estos terrenos a nivel mundial.

Para el enfoque de este libro, decidí mencionar algunos de los aportes de dos grandes músicos: La primera es Jacqueline Nova, por ser una mujer increíblemente innovadora en sus búsquedas, a pesar de su época, y el segundo es Rodolfo Acosta, a quien admiro profundamente por su trabajo y sobre el que, al final del libro, encontrarán una entrevista en donde con sus propias palabras habla de su vida, su trabajo, y sobre el caos y la complejidad[36].

JACQUELINE NOVA, PIONERA DE LA MÚSICA ELECTRÓNICA COLOMBIANA

Pianista, cantante y la primera compositora colombiana graduada del Conservatorio Nacional de Música de la Universidad Nacional en 1967, Nova fue pionera en la música electrónica en Colombia. De hecho, como señala la compositora colombiana Ana María Romano:

> "Nova creó un universo sonoro que como sociedad nos falta terminar de descubrir. Integró los medios electrónicos como un instrumento más a la orquesta, un valiosísimo aporte si consideramos que aún en los años 70, la orquesta seguía con su fuerte apego al pasado. Dentro de sus obras está *Omaggio a Catullus* (1972-1974)" (Romano Gómez, 2013).

La mencionamos dentro de la temática de caos, ya que justamente ella tuvo que buscar un público para el nuevo orden que estaba proponiendo: sus ruidos, como ella misma llamaba a su música.

---

[36] Véase: entrevista con el compositor colombiano Rodolfo Acosta.

Figura 46. Jacqueline Nova (1935-1975).

Un ejemplo de creación musical, en relación con el caos y sus despliegues, es su obra "Cantos de la Creación de la Tierra" (1972), realizada en los laboratorios de acústica de los laboratorios de la Universidad Nacional de Buenos Aires, dirigidos por Francisco Kropfl.

Basada en un texto original indígena *tunebo* de la región nordeste de Boyacá (Colombia), se hizo a partir de los cantos de la creación de la tierra de los indígenas Uwa, transformados a través de las herramientas del laboratorio electrónico, y usados como único material de la obra. Esta ha sido presentada en Bogotá, Uruguay, Buenos Aires y en el Festival de Música Contemporánea de la ciudad francesa de Bourges.

La obra comienza con sonidos amorfos en registros muy bajos, insinuando una rítmica irregular, para luego ser interrumpida por algo similar al viento y a voces humanas ininteligibles. Los sonidos aparecen como por bifurcaciones. Es evidente la manipulación sonora por medios electrónicos y sus dinámicas remiten a la percepción alterada de los sentidos, producida por la ingesta de bebidas espirituosas. Para Romano, *"en esta pieza convergen dos de los más grandes intereses de Nova: la voz humana y los medios electrónicos. Creación de la tierra es una referencia obligada en la creación electroacústica latinoamericana de la* década de los setenta" y añade, además, que las transformaciones de la voz llevan al oído por diferentes texturas que, por momentos, dejan descubrir el material originario, mientras que en otros lo alejan a través de pedales o sonoridades percusivas (Romano Gómez, 2015).

También, aparecen sonoridades que se pueden asociar a cantos rituales chamánicos[37] y sonidos de animales como pájaros y felinos. Estos sonidos continuos y discontinuos, la convivencia de técnicas de manipulación sonora con estilos o procedimientos que, aparentemente, resultaban irreconciliables, como la exploración libre, la aleatoriedad, referentes de músicas indígenas, evocaciones de músicas tradicionales o populares son, justamente, las principales características del caos y la complejidad que se perciben en su creación musical. Romano añade que Nova le dio cabida a lo extraño y a la experimentación, creando así un universo sonoro que, para nosotros, aún es necesario terminar de descubrir.

---

[37] El texto es un relato en paleo-tegría, lengua fósil de los chibchas utilizada para los cantos mágicos. Fuente: [https://www.youtube.com/watch?v=-1BOou1hQEmY].

CAPÍTULO 6

MI OBRA

"Senderos de Soledad y Abismos;
entre Cuerdas, Penurias y Calma"

"El verdadero viaje de descubrimiento no consiste en
buscar nuevos paisajes, sino en mirar con nuevos ojos."

MARCEL PROUST

COMO SEÑALÉ AL COMIENZO, el requisito más importante para graduarse de la maestría que estudié en la Argentina consistía en componer una obra que involucrara, por supuesto, los contenidos aprendidos durante su abordaje y desarrollo. Siendo un novato en lo relacionado con las músicas electroacústicas y en el tipo de composición que sugería la maestría, comencé a preguntarme sobre la forma y materiales con los que podría gestar ese acto de habla como creador musical. Por esos días, en mi cabeza rondaban muchas ideas que involucraban el posible uso de instrumentos autóctonos de América, tal como otros compañeros habían comenzado a hacer, pero, sentía que mi cercanía con esas sonoridades no era tan visceral. Por otro lado, la guitarra eléctrica había sido mi compañera de viaje en el mundo de la música, pese a que, en mis procesos de aprendizaje, había explorado otros instrumentos, como el piano, la batería, entre otros. El tiempo pasaba y debía tomar una decisión, así que me arriesgué. Computadora en mano, guitarra, amplificador, micrófono encendido y efectos conectados, y comencé a explorar. Dado que fue la guitarra eléctrica el instrumento seleccionado, haré una breve exposición de mi historia con ella, pues no fue, precisamente, un camino fácil de transitar, para llegar a componer la obra de la que luego hablaré.

MI SENDERO COMPLEJO COMENZÓ CON LA GUITARRA ELÉCTRICA

"Sabio es el que aprende una cosa haciendo otra".

PLOTINO

La relación con mi instrumento, la guitarra eléctrica, no ha sido, precisamente, un cuento de hadas. Como guitarrista, y teniendo en cuenta el alto sentido competitivo que se da entre los músicos, he tenido sendas dificultades a lo largo de mi carrera, probablemente, por haber comenzado tarde mi formación, en comparación con otros compañeros de la universidad, y porque mi gusto volátil por otras artes me lleva constantemente por otros caminos. Un día puedo dedicarme, juiciosamente, a estudiar escalas, acordes, solos o, simplemente canciones que me gustan, pero otro tomo mis pinceles y comienzo una pintura al óleo. Como resultado, los procesos no son muy constantes, y los resultados, que pueden llegar a ser buenos, tardan más de lo usual. Recuerdo que, mientras estudiaba mi carrera musical, varias ideas de auto-rechazo constantemente me acompañaban, sobre todo, cuando escuchaba tocar a otros guitarristas que, para los estándares requeridos, lo hacían mejor que yo. Para superarlo y validarme a mí mismo como músico, tuve que estudiar fuertemente hasta que pude cumplir con los mínimos establecidos por el programa.

Este esfuerzo por concentrarme en el estudio de mi instrumento, aparte de producirme dolores musculares que se convirtieron, luego, en una tendinitis diagnosticada, generó en mi un amor y una valoración de mi propia manera de tocar, desligada de los patrones instituidos. Como la necesidad impuesta de encajar en modelos predeterminados me agobiaba, y siempre la sentí como una obligación, una nueva necesidad de creación personal comenzó a resonar en mi interior.

Paralelamente al estudio de las asignaturas de mi carrera, la idea de componer algo con la guitarra eléctrica, pero que tuviera mi propio acto de habla y, por supuesto, sin un intento de virtuosismo en las maneras de tocar convencionales, propició la creación de mis primeras obras. Se dio paso así a la composición de obras en la universidad en formatos orquestales y con modestos solos, basados en la música de grandes compositores de diversos géneros y épocas. Como ya mencioné, algunas de estas obras fueron ensambladas e interpretadas en la Universidad pedagógica Nacional de Colombia.

Durante ese recorrido, comencé a hacer parte de intentos de agrupaciones de heavy y trash metal, tocando canciones de bandas reconocidas como Metallica, Slayer, Megadeth, Sepultura y muchas otras. Con estas agrupaciones intentamos componer y las canciones se movían más o menos dentro de esas mismas estéticas. Fueron buenos tiempos, pero, el virtuosismo de los solos, siempre fue mi tormento. De esos proyectos solo quedaron recuerdos, grabaciones en casete de ensayos ruidosos, unas pocas presentaciones en bares y, finalmente, se fueron acabando por problemas con los integrantes o simple cansancio.

Finalmente, por el episodio de estrés laboral que mencioné antes, por el que estuve hospitalizado, sucedió una epifanía: Al enfrentar la enfermedad, la convalecencia y los vejámenes propios de la deficiencia de la salud, pensé que, al recuperarme, debía retomar los sueños que había dejado adormecer en mi interior. Tan solo días después de que me dieron de alta, con excelentes noticias sobre mi recuperación, comencé los trámites para ir a estudiar la Maestría en creación musical, nuevas tec-nologías y artes tradicionales en la Argentina. Tres meses des-pués, estaba volando a Buenos Aires.

El ingreso a la maestría en la Untref, abrió un panorama, totalmente, diferente a todo lo que conocía. Nuevas sonoridades, nuevos nombres, nuevas formas, todo ello fue para mí como lo que sintió Alicia en el país de las maravillas y, así como un pequeño rio que va creciendo, poniéndose cada vez más caudaloso y turbulento, las ideas comenzaron a surgir. La pequeña variación que introdujo a mi vida haber estado enfermo, condujo a nuevas experiencias, que me llevaron a componer con la guitarra eléctrica dentro del lenguaje electroacústico y a escribir este libro.

Ahora, habiendo compartido esa breve versión de mi derrotero de la mano de mi guitarra, y luego de abordar el paradigma del caos, seguidamente, intentaré poner de manifiesto cómo utilicé los elementos mencionados, en esa creación musical propia.

Mi acto de habla musical

> "El mayor error del ser humano es intentar sacarse de la cabeza aquello que no sale del corazón".
>
> Mario Benedetti

La obra se trata de una pieza electroacústica de tres partes, realizada, principalmente, con toma de muestras sonoras de una guitarra eléctrica y, la posterior manipulación digital y organización de dichas muestras. Es para ser reproducida en formatos digitales, o lo que se conoce popularmente como "cinta". Desde el punto de vista técnico y metodológico, sólo mencionaré los procesos físicos de grabación y de edición sonora (pre-producción, producción, mezcla, masterización y utilización de software de edición u operación sonora), así como el manejo digital de los sonidos, ya que hablar en profundidad de tales procesos, requeriría un ejercicio de profundización, que haría parte de un trabajo, más específico, en ingeniería de sonido aplicada a la música electroacústica.

FICHA DE LA OBRA:

Nombre: *"Senderos de soledad y abismos, entre cuerdas, penurias y calma"*
Parte uno: "Preludio en C#m" Duración: 4.48 min
Parte dos: "11:11" Duración: 3.54 min
Parte tres: "Viento" Duración: 3.07 min

PLAY LIST DE LA OBRA:

Si el lector lo prefiere, puede escuchar la obra en la página de distribución gratuita de música *https://soundcloud.com/raulpovedacasas1* o, accediendo a los links que dejo a continuación, con lo que podrá tener una aproximación, espero, más visceral con la misma y con los contenidos que explicaré más adelante.

- Primer movimiento: *https://soundcloud.com/raulpoveda-casas1/preludio-en-cmenor*
- Segundo movimiento: *https://soundcloud.com/raulpove-dacasas1/1111a*
- Tercer movimiento: *https://soundcloud.com/raulpoveda-casas1/viento*

LAS FUENTES DE INSPIRACIÓN

Siendo, perfectamente consciente de que las interpretaciones de una obra pueden variar en cada persona y que, una vez escuchada por otros, la obra ya deja de ser del dominio exclusivo de su creador, en seguida intentaré exponer de manera detallada las ideas que la motivaron y los procesos implementados para intentar manifestar los contenidos simbólicos deseados.

Como sostuve al principio, tanto el título de la obra como su contenido surgen, precisamente, de las turbulencias que estaba afrontando en mi vida personal. Atravesaba por una serie de complejos procesos, relacionados con temas muy diversos, pero conectados entre sí: el cambio de residencia a otro país, la inmersión en otra cultura, la búsqueda de sentido de la existencia y, hasta el ideal del éxito o la frustración que el sistema capitalista nos ha inculcado. Todo ello, se fue enriqueciendo, además, con charlas informales con amigos y con lecturas sobre la crisis del individuo y del mundo actual, como las de René Guénon (Guénon, 1988) , los análisis del mundo contemporáneo de Byung Chul Han (Chul Han, 2015) o las desalentadoras visiones de la modernidad líquida del filósofo Sigmund Bauman (2003). Comenzó a apasionarme que estos autores, en sus obras, mostraran cómo la modernidad promovió los conceptos de igualdad y democracia en función de un supuesto progreso, pero que, finalmente, sólo ha producido seres desesperados, ansiosos y vacíos. El afán de producir en masa y estandarizar, en un modelo económico único global, deriva en una postmodernidad consumista e ignorante y en unos individuos, tan adiestrados, que ni siquiera se dan cuenta de que son esclavos.

Con aquellas ideas rondando por mi cabeza, mi objetivo con la obra se encaminó a enfocar una mirada hacia adentro de mí mismo y a poner de manifiesto lo que implica vivir en un mundo cuya pretensión es el orden y el control, pero que, finalmente, colapsa. Quise mostrar un ser humano que, lejos de vivir realmente, sobrevive en medio de la angustia, del dolor y el miedo de perderse a sí mismo.

Mis intentos de comprender la complejidad por la que pasaba mi propia vida, teniendo en cuenta que se desarrolla dinámicamente dentro de un sistema también complejo, sería el sustento para el inicio de una hazaña turbulenta de creación. Por tal razón, todo aquello lo asocié con el caos.

PROTO-OBRA: FRENTE AL LIENZO EN BLANCO

Como dije más arriba, las reflexiones que dieron lugar a una exploración interior, me llevaron a un encuentro con el silencio propio. Esa sensación de estar flotando en la nada que, seguramente, han experimentado los pintores al mirar un lienzo en blanco. Como un tiempo muerto. En ese divagar, abordé el retorno a las fuentes, lo primigenio y muchos temas existenciales, como mi miedo a la muerte, o la soledad que se siente al llegar a una ciudad, donde aplican diferentes códigos de relacionarse con los otros pudiendo estar rodeado de cientos de personas, pero sin un apego emocional y socializando, únicamente, por razones como el estudio o el trabajo.

Por supuesto, yo no buscaba una cura milagrosa de los estados psicológicos o sociales por los que atravesaba, sino que pretendía, por lo menos, ponerlos de manifiesto en mi obra.

En cuanto a la construcción de la obra como tal, surgieron preguntas como: ¿Qué hacer? ¿Cómo? ¿Qué grabar? ¿Cómo hacerlo? ¿Con qué? ¿Qué hacer en términos de lugar y tiempo con lo grabado? Y, la más complicada de todas: ¿Para qué?

Deseaba, fuertemente, consolidar un acto creativo que no se tratara, solamente, de composición en términos de ejercicio académico, sino que constituyera mi *verdad inventada*, mi búsqueda del *tiempo propio*, en un acto de habla propio, y que se desplegara, de manera natural, en lo musical, en un *mundo* creado para que ello fuera posible. En ese sentido, traté de buscar, algo así, como una vibración propia que condujera al gesto y que, éste, a su vez, ramificara en un compendio de gestos, es decir, la obra final.

Esos análisis me llevaron a pensar que la obra, en tanto lenguaje propio y metafórico, podía incluir los sonidos que yo quisiera para expresar mis estados de ánimo, o mi travesía por la vida, no necesariamente, de manera literal, pero sí dentro de lo simbólico.

El sonido y la exploración heurística

En un primer momento, haré referencia a los actos de exploración, selección y organización sonora que conformaron la obra, surgidos de la experimentación heurística con sonidos de la guitarra eléctrica y que fueron direccionados por un proceso que involucró, tanto lo aleatorio, como lo organizado.

Inicialmente, tuve que movilizarme hacia lo desconocido, pues yo no conocía mucho, ni de la música electroacústica, ni de las herramientas con las que se trabajaba. Comencé a explorar los programas de grabación, la guitarra eléctrica tocada de maneras no convencionales y empecé a hacer pruebas. Partí de la intención de trabajar con el mínimo de elementos, lo cual dio origen a la idea de grabar por separado cada sonido una sola vez, conformando un banco de muestras, para luego manipularlas y organizarlas a voluntad, es decir, cortarlas, estirarlas, cambiar su sonoridad, su registro, su tono, etc.

La materia prima se fue constituyendo por los sonidos producidos con una sola pulsación, percusión, halado o soplo. Ese sería el elemento fundamental, aunque, el banco de muestras también incluiría células rítmicas y sonidos que se usan convencionalmente en diferentes géneros. Luego, definido el contenido, el interrogante que surgió giró en torno a la manera de articular esos elementos y cuáles serían las herramientas conceptuales y técnicas que se podrían utilizar en la construcción de una composición musical de tales características.

Conformando la estructura disipativa

Habiendo dispuesto el banco de muestras, se comenzó a determinar la ubicación de los sonidos, es decir, se fue estableciendo la frecuencia de aparición, intensidad y permanencia de cada uno de ellos en la composición, con el fin de comenzar a articular una pieza musical coherente. Cada elemento que se iba colocando, era producto de la vivencia del instante de grabación y de mi comprensión del lenguaje electroacústico hasta ese momento.

Tras esos primeros experimentos, sentí la necesidad de escuchar más música, sobre todo electroacústica y de géneros experimentales, pero, con ese ejercicio, se fueron generando más inquietudes y numerosas posibilidades e ideas. Tuve que ir anotando cada paso en una bitácora, con el fin de registrar las transformaciones y evolución del proceso, mientras comparaba cada nueva grabación y cambio, con las anteriores y con piezas que escuchaba.

Infortunadamente (aunque hoy pienso que afortunadamente), tras la incursión en la escucha de la música electroacústica, no encontré muchas propuestas similares, salvo "El jardín de las delicias" de Albano Medvescigh de 2012 y "Vampyr" de Tristan Murail de 1984. Pude hallar varias muestras de experimentaciones sonoras con la guitarra eléctrica, pero, la mayoría, como improvisaciones libres, o carentes de la estructura de obra. Sin referentes de orden, comencé a hacer mi propia organización.

Con el pasar de los meses, se comenzó a hacer evidente la necesidad de actualización en cuanto a los conocimientos de grabación, técnicamente hablando, pues, lo que grababa no sonaba como yo lo deseaba. Me inscribí a varios cursos, en una carrera vertiginosa: Grabación, operación de estudio casero, mezcla, mastering, efectos, y un montón de nuevos conceptos y aplicaciones, comenzaron a hacer parte del proceso creativo. Ya no era solo poner un micrófono y grabar, sino que cada elemento en el proceso cobró una vital importancia.

En lo estrictamente tímbrico, como mencioné, la sonoridad se encaminó hacia la utilización de sonidos resultantes de las exploraciones realizadas con la guitarra eléctrica, pero, decidí que podía involucrar la intervención eventual de otros sonidos de instrumentos cuyas sonoridades me llamaban la atención, como gongs, timbales sinfónicos, ocarinas y cuencos tibetanos.

Así mismo, los sonidos grabados iban sufriendo cambios, propios del proceso de aprendizaje de las herramientas y resultantes del proceso de depuración. Finalmente, quedaría muy poco de esas primeras exploraciones en la obra, lo que no quiere decir, de ninguna manera, que la idea original se perdiera, sino que, por el contrario, se fue enriqueciendo.

De esas jornadas de exploración, también salían sonidos, que normalmente son catalogados como ruido y éste, se convertiría en un personaje importante. Comencé a pensar en términos de saturación sonora y dinámicas de volumen. Inclusive, los errores de manejo de audio, ruidos de sistema (clicks por cortes de ondas, retroalimentaciones o filtraciones) que suelen ser eliminados, comenzaron a gustarme. Muchas de las muestras, también fueron siendo intervenidas por efectos, para lo que se utilizaron pedales y pluggins para guitarra eléctrica (clean, distorsión, reverb, chorus, delay, etc.) y manejo del software. Comenzaron a aparecer nuevas sonoridades y fenómenos acústicos como batimentos, desfases de ondas, entre otras. Estaba fascinado con el proceso y los resultados. Era, básicamente, como un niño mezclando pinturas de colores.

Aparece el rizoma sonoro

Partiendo de concepciones biológicas, como la de que el primer impulso vegetal es una semilla o, primigenias, como la de la teoría del Big Bang, en la que el primer acto creador del universo fue una singularidad, la obra se articula sobre un momento primigenio, es decir, su primera manifestación: un solo sonido. Decidí comenzar con la ejecución de una sola nota, producida con el soplo de una ocarina que construí. En adelante, con la aparición de otros sonidos, quise emular algunos elementos del caos: bifurcaciones, batimentos e interacciones complejas. Las influencias y referentes sonoros (Pink Floyd, Penderecki y otros que ya mencioné), también empezaron a involucrarse, mediante el uso de recursos usados en músicas populares, como los acordes y células rítmicas, y la necesidad de expresar los contenidos simbólicos, siempre presente, me llevó a tratar de emular los sonidos de los inesperados y violentos cambios de las fuerzas de la naturaleza, a través de la manipulación sonora digital. Quise aludir a explosiones, truenos, y cuanta ocurrencia se relaciona con aquellas fuerzas que fluctúan con la calma desde el inicio de todos los tiempos, en ciclos de estabilidad y caos que conforman el universo que conocemos.

En ese ejercicio, casi de alquimia musical, el comportamiento que resultaba de las interrelaciones entre los elementos, comenzó a mostrar, bajo mi criterio, más similitudes con los componentes del caos: fractales, rizomas, vórtices, y comencé a comprender que el todo no es tan sólo la suma de las partes, sino una infinidad de relaciones entre ellas. La complejidad era evidente y, con respecto al caos, noté que cada cambio podía generar grandes transmutaciones en los resultados. Una sola pulsación se convirtió en toda una afluencia. Poco a poco, se articuló una obra constituida por tres partes, cada una de ellas con intenciones o momentos diferentes, en la que, por lo menos para mí, los elementos del caos y la complejidad se hacían presentes y me ayudaron a darle vida, en tanto que logré generar un flujo constante y natural de energía que manifiesta, a mi satisfacción, los contenidos simbólicos que la motivaron.

INTERACTUANDO CON EL PARADIGMA DEL CAOS Y LA COMPLEJIDAD

La manera que usaré para presentar el análisis de los componentes que conforman la composición toma como referente la metodología que mostramos, anteriormente, del experto Tony

Bannach sobre la obra "Threnody of victims of Hiroshima" de Krzysztof Penderecki (Bannach, 2013) y las propias asociaciones con el paradigma del caos y la complejidad.

Aclaro que la investigación adelantada sobre la visión del caos y la complejidad, fue soporte, paralelamente, para la construcción de la obra, y sirvió de inspiración en el proceso creativo, pero no, como una única opción, sino como una de tantas posibles alternativas de las que un compositor se puede valer para construir su propio acto de habla musical. De hecho organicé muchos elementos dentro del ambiente tonal occidental. Bajo ningún punto de vista se pretende descartar aquellos tipos de procesos creativos basados en el orden, o provenientes de modelos previos.

Partiendo de ello y luego de haber presentado los antecedentes y procesos que dieron lugar a la conformación de la obra, a continuación describiré, en forma pormenorizada, los elementos formales y estructurales presentes, con el propósito de que el lector visualice cuales fueron las relaciones en tanto orden, caos y complejidad.

Los componentes de la obra

La Textura: El inicio de cada uno de los tres movimientos, tiene ciertas similitudes: se aprecian sonidos, más bien solitarios y, paulatinamente, se van sumando otros, hasta conformar masas según la intención. Hablamos de momentos de monofonía que, luego se convierte en polifonía o, en palabras asociadas con los contenidos expuestos, un impulso de enegía sonora en movimiento que se bifurca y polifurca. Tales desplazamientos y comportamientos fueron inspirados en el juego de masas sonoras, en contraste con momentos de sonidos más aislados que pudimos apreciar en "Threnody of victims of Hiroshima" de Penderecki. De esta manera, la tensión se trabaja en función de la acumulación tímbrica y su resultado en la totalidad, de tal forma, que unos pocos sonidos establecen climas más tranquilos, mientras que las grandes masas, proponen situaciones monumentales.

Adicionalmente, los timbres instrumentales modificados mediante el uso de software especializado y pedales análogos y digitales, generan una mezcla de sonoridades en la que se pasa de texturas muy limpias, a otras muy saturadas de sonidos.

El Ambiente Tonal: La construcción de la pieza no se circunscribe, totalmente, al ámbito tonal, aunque, en el primer movimiento se presenta un arpegio en C#m, que da el nombre a esta sección. También, en los otros movimientos se ejecutan algunos giros melódicos y acordes con distorsión, con el registro grave de la guitarra (afinada en drop C#)[38] en esa misma tonalidad, pero sólo como un soporte tímbrico y armónico del conjunto sonoro. En tales momentos, se busca más el efecto de cluster, que se da al intervenir otros sonidos, en conjunto con lo tonal.

De igual manera, se presentan secciones con efecto microtonal, debido a la acción de copiado y pegado de los sonidos, mediante el recurso de fundidos cruzados. Este proceso, da como resultado batimentos cíclicos, causados por las disonancias y las frecuencias fluctuantes.

El Tempo y las dinámicas: Ninguno de los tres movimientos establece, en la generalidad, un pulso regular, aunque algunos eventos sonoros van espaciados con cierta periodicidad rítmica. El tempo se puede describir como lento, dado que los sonidos y su frecuencia de aparición es pausada y progresiva.

Las dinámicas, por su parte, abarcan, desde apariciones a muy bajo volumen, hasta otras progresiva, o intempestivamente más fuertes.

---

[38] Afinación alternativa de la guitarra en la que cuerdas producen las notas C# G# C# F# A# D# tomándose de la sexta a la primera.

Convenciones de la partitura

En la obra el tiempo se cuenta en segundos. Para interpretarla en vivo se requiere que los participantes visualicen un cronómetro general. La mayoría de signos en la partitura provienen de la escritura tradicional, como el pentagrama, las claves de sol y de percusión, las negras y corcheas, la armadura de clave, los signos de repetición y casillas, las indicaciones de dinámicas, etc. A continuación se detallan las convenciones creadas para esta obra:

0:10	Indicador de tiempo en segundos
	Nota que se sostiene con variaciones microtonales
	Ruidos aleatorios producto de click o saturación
	Notas percutidas con púa con altura aproximada
	Dirección de ataque con púa hacia abajo
	Gong
Dist	Indicador efecto para guitarra. Distorsión, Wah o Cry Baby, Delay
	Mástil de la guitarra percutido con objeto sólido
	Raspado ascendente de cuerda de guitarra con púa
(Libre)	Interpretación a criterio del ejecutante en cuanto a dinámicas
	Armónico artificial en guitarra con altura determinada
	Frotado de las cuerdas con la palma de la mano
	Efecto de eco del Delay
	Sonido ruidoso con altura aproximada
	Sample (muestra grabada) de viento
	Múltiples sonidos aleatorios de las cuerdas agudas en Palm mute
C#5	Power Chord en guitarra de nota fundamental, quinta y octava
	Percusión de cuenco tibetano

PRIMER MOVIMIENTO: PRELUDIO EN C#M: EL INICIO DEL SENDERO

Este primer movimiento se inspira en la audición del "Preludio de Tristán e Isolda" de Richard Wagner, se basa en la idea del orden primigenio y la posterior aparición del caos con la creación. La alusión es al tránsito de la nada, el momento de mayor orden en toda la historia, hacia el sendero de la existencia caótica del universo (o los multiversos probables).

Plantea tres momentos: inicialmente, una introducción donde los sonidos aparecen muy espaciados en términos de tiempo. Primero, una sola nota generada en una ocarina va apareciendo muy lentamente desde el silencio, como acercándose, o como el primer respiro de lo creado. Quise hacer alusión al surgimiento del todo a parir de la nada. Su existencia se prolonga durante mucho más tiempo que el comportamiento natural de un sonido, mediante el copiado de la misma muestra y fundido cruzado, muchas veces, en el programa de edición. Se mantendrá casi indefinidamente, lo que genera, que su frecuencia vaya fluctuando sutilmente a medida que se desarrolla: cuando la nota comienza, su proceso de decaimiento vuelve a vibrar y así sucesivamente.

En seguida, aparecen nuevos sonidos de guitarra, con lo que deseo emular las bifurcaciones. Suenan pequeños errores digitales y ruidos de saturación que en el proceso fueron dejados así de manera intencional. Seguidamente, añado un patrón rítmico de percusiones, muy sutiles, sobre las cuerdas más delgadas de la guitarra, luego, más bifurcaciones que conforman un acorde de C#m.

El segundo momento, en el minuto 2:17. Aparecen notas ejecutadas con la guitarra y alargadas también, que, muy lentamente, construyen el arpegio descendente de C#m. Sorpresivamente, irrumpen sonidos estrepitosos de acordes graves con distorsión de efecto Death Metal, análogos a explosiones o una gran coli-

PRELUDIO en C#m

Raúl Poveda Casas

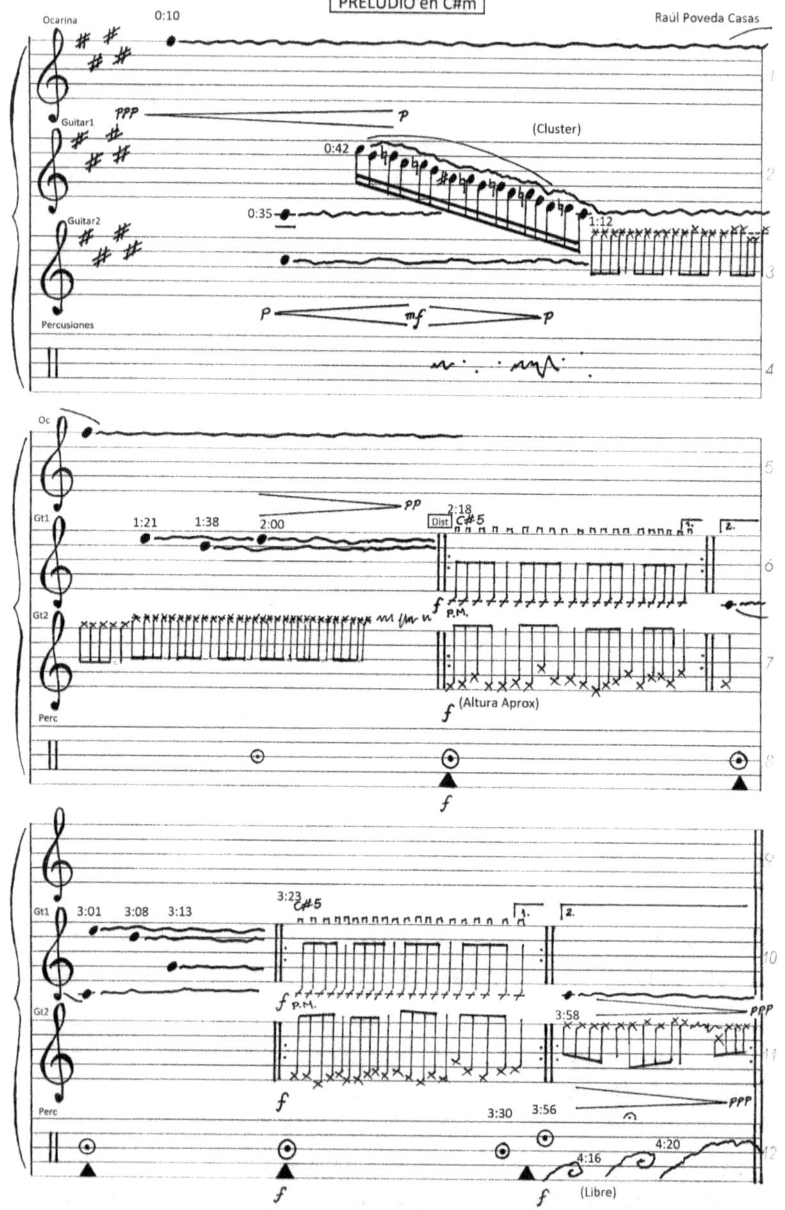

sión, ejecutando el mismo patrón rítmico de las percusiones sutiles presentadas al principio. Esto sonará ocho veces y, como ramas, los sonidos se sostienen en la última vez, hasta casi desaparecer. Se dan más batimentos, producto de la manipulación digital. Suenan más notas muy largas conformando, de nuevo, el acorde C#m. Como una re-exposición, de nuevo, irrumpen los motivos rítmicos con distorsión, pero, esta vez, suenan algunos gongs y golpes del mástil de la guitarra. El arpegio construido, se va disipando, en sentido conclusivo. Aparecen de nuevo los motivos rítmicos y algunos raspados de cuerda, esta vez más sutiles, hasta que acaba en el minuto 3:24.

A continuación, establezco relaciones, un poco más puntuales, señalando los momentos exactos de aparición de los elementos, mediante una tabla, en la que explico, con cuales elementos del caos o la complejidad con los que asocio lo sonoro, y de qué manera propongo tales analogías. De la misma forma, se presentan tales relaciones respecto a los otros dos movimientos.

Elemento del caos con el que se relacionar	Relación encontrada con los sonidos de la obra	Lugar y tiempo específicos donde se manifiestan
Polifurcación	Representan los despliegues de sonidos producidos por adición de otros similares en fuentes y alturas, es decir, que después de escuchar un sonido largo que viene solo, comienza a brotar otro como desprendiéndose del primero.	Seg 35 Seg 59 Seg 1:33 Seg 1:58

Vórtice	Sonidos percutidos con la púa sobre las cuerdas a muy bajo volumen, hasta conformarse grandes masas sonoras de acordes en las cuerdas bajas, con efecto de distorsión y percusiones.	Seg 1:09 Seg 1:58
Estructura disipativa	Cuando suenan los gongs. Efecto de dispersión de las ondas similar al de arrojar la piedra en el estanque.	Seg 2:55 Seg 3:37 Seg 3:53
Atractores	Al estirar el sonido que, naturalmente, se disipa, se produce un fenómeno de retroalimentación con flujo constante de material y energía. En este caso, los sonidos buscan crear la sensación de permanencia dinámica, un movimiento perpetuo y reiterativo, y se mantienen durante largo tiempo generando una persistencia, que sólo cambia cuando el sonido va subiendo o bajando de tono; o cuando se disipa. Con cada repetición, muestran sutiles cambios que se deben a factores que lo afectan, pero continúa. Es un vórtice que se autorregula. Se producen, además, batimentos (frecuencias fluctuantes).	Seg 35 Seg 59 Seg 3:04 Seg 3:10
Vórtices grandes	Sonidos de raspado de las cuerdas graves. Son de corta duración, pero su presencia es muy notoria. Buscan emular los vórtices que quedan solitarios luego de que las tempestades o tornados mas grandes se han discipado. Una especie de resago.	Seg 4:12 Seg 4:18

SEGUNDO MOVIMIENTO: 11:11. SOLEDAD, ABISMO Y PENURIAS

En cuanto al nombre de este movimiento es una coincidencia cíclica la que lo inspira: La imagen repentina de la hora en mi reloj, vista desde hace algunos años, con cierta regularidad, justo, a las 11:11 a.m. o p.m. Al mirar los números, y percibir un once, como reflejado, al lado del otro, me vino a la mente la efigie de una reflexión especular. Tal escena, comenzó a asociarse con las turbulencias que devienen del encuentro consigo mismo en el espejo: El observador no se ve a sí mismo, realmente, sino que ve una parte diferente, con la que se confronta y que lo complementa dramáticamente. ¿La soledad? ¿Los abismos? ¿Las penurias?

Esta experiencia, a su vez, me remontó a las ideas de complementariedad que señalan algunos historiadores y que se presentan en relatos de diversas culturas (Schneider, 1998). Por ejemplo, para los hinduistas, en la danza, hay una especularidad complementaria, producto de la búsqueda del orden y el equilibrio de Shiva, y el deseo de movimiento de Shakti o, para los chinos, el Yin y Yang. Los relatos cuentan que el ministro del emperador Yen Ti mandó construir un instrumento, a fin de equilibrar con sus sonidos las fuerzas del sol y del agua.

En los estudios de acústica, por otro lado, tal complementariedad en los sonidos, se da de muchas formas; por ejemplo, una cuarta resulta siendo una quinta, al invertir los sonidos, y una llena el espacio de la otra, en relación con el todo, el ocho.

Dicho encuentro personal, con lo opuesto complementario, generó conflictos y estados de profunda reflexión que, en medio de la alquimia sonora, dieron nacimiento a este movimiento. Se presentaron muchísimos ensayos y errores, y esta parte sufrió incalculables transformaciones durante el proceso compositivo.

Este movimiento tiene sólo dos partes: introducción y desarrollo. Comienza con sonidos de gongs separados y muy suaves

11:11
Raùl Poveda Casas
Guit1
0:32
0:44
0:59
1:20
1:29
(Libre)
1
P
Guit2
0:49
1:01
(Libre)
2
Guit3
1:13
1:22
1:33
3
P
f
Percusiones
0:02
0:13
0:23
0:30
0:39
0:53
1:05
Timbales
2:05
4
P
f
PP
2:17
C#5
2:29
2:40
G#5
2:49
Gt1
5
f
P
f
P
Gt2
f
P
f
P
6
Delay
Gt3
7
Perc
(aleatorio)
8
Gt1
3:20
3:28
9
Gt2
2:58
(Libre)
10
Gt3
PP
11
f
PP
Perc
12
(Libre)

[158]

para dar luego la sensación de espacialidad con paneos. También suenan armónicos de cuerdas y campanas. Metafóricamente, la imagen mental que me atravesaba era una especie de llamado ritual en una catedral en ruinas. Se esboza una melodía tonal, muy lenta. Se va raspando una cuerda y los sonidos, progresivamente, van generando una tensión, como cuando una estructura comienza a colapsar (como de metal doblándose y rocas cayendo). Con efecto de *crescendo*, van apareciendo muchísimos sonidos logrados pasando las uñas por todas las cuerdas, los cuales se van ramificando. Quise dar la sensación de una progresiva invasión de insectos rastreros apareciendo por miles, llenando el lugar. Para mí, tal sonoridad se convierte en un perfecto rizoma, una estructura dinámica y disipativa que se multiplica sin fin. Con ayuda de redobles de timbal, se llega a una gran explosión percusiva donde todo confluye en acordes con distorsión y la percusión de la guitarra, como un gran martillo; como si la estructura se derrumbara y los insectos se siguieran esparciendo. Seguidamente, quise emular los fractales sonoros mediante la aparición de acordes arpegiados y con delay en el registro bajo (este punto es mi tributo a la banda Pink Floyd, pues ésta utilizaba sonoridades similares). Los sonidos se van disipando con apariciones aleatorias de más percusiones suaves y fuertes. Cuando se van disipando los sonidos cual insectos, suenan algunos armónicos y, finalmente, un sólo sonido pareciera el último bicho alejándose, como si tras el colapso de una estructura finalmente el polvo se asentara y hasta el último rastro de lo que fue, se hubiera ido. Este movimiento es el más ruidoso en términos de saturación y trata de generar una tensión turbulenta, como la de un río desbordado y caudaloso. No se busca la permanencia, sino la angustia y la inestabilidad de lo caótico.

Elemento del caos con el que se relaciona	Relación encontrada con los sonidos de la obra	Lugar y tiempo específicos donde se manifiestan
Estructura disipativa	Cuando suenan los gongs a bajo volumen. Efecto de dispersión de las ondas, similar al de arrojar la piedra en el estanque.	Seg 5:15 Seg 5:29
Efecto mariposa	El aleteo sutil de la mariposa se asocia, en este caso, cuando suenan armónicos ejecutados en las cuerdas de la guitarra, por la pureza de estos sonidos. Su notoriedad y protagonismo es grande, así como el colorido de las alas de estos insectos.	Seg 5:35 Seg 5:47
Vórtices de gran tamaño	Raspados similares a los del primer movimiento, pero ahora son más irregulares.	Seg 5:38 Seg 5:49 Seg 5:53 Seg 6:20 Seg 6:52
Despliegues rizomáticos	Aparecen cuando suenan cientos de sonidos percutidos de las cuerdas logrados al hacer barridos rápidos y fluctuantes con las uñas. Se incrementan a medida que hay mayor masa sonora. Esto es la invasión de muchos insectos de los que hablaba anteriormente.	Seg 6:07

Efecto mariposa y desbordamientos	Se muestra cuando suenan percusiones de timbales, que se suman a la aglomeración de todos los otros sonidos que *empujan* mediante crescendos a una "explosión". Es el momento que lleva, rápidamente, al desbordamiento de toda la masa sonora en un solo derrumbe de sonidos.	Seg 6:52
Colisiones, explosiones	Aparición de un acorde tonal de quintas y octavas con efecto de distorsión, acompañado de arpegios con delay y percusiones. A partir de éste momento, ese *chorro* de sonidos se mantiene y se estabiliza, pero, comienza a disiparse, hasta que desaparece y el movimiento termina.	Seg 7:07

TERCER MOVIMIENTO: VIENTO, CUERDAS Y CALMA

En este movimiento se busca la relación con lo entrópico, con el intento de la energía de distribuirse y, finalmente, disiparse. Se trata del encuentro con la calma luego de las turbulencias, pero recorriendo con el pensamiento los recuerdos encerrados en la memoria. Tiene tres partes: una introducción con sonidos espaciados y que se fusiona con una segunda mediante la aparición de los arreglos del movimiento dos pero con otros efectos que cambian su sonoridad; le sigue una tercera parte que tiene el mismo fondo armónico, en la que se superpone una melodía indefinida, lograda por manipulación digital de una melodía tonal.

Se presentan elementos de un orden ya conocido, como acordes de la armonía tonal que se hibridan con sonidos de los movimientos anteriores, de los cuales ya el oído ha hecho reconocimiento. Estos pasan de ruidosos y caóticos en los primeros movimientos a ser del nuevo orden propuesto. Si se escucha la obra desde el principio, el cerebro reconocerá los elementos que reaparecen y los enmarcará en el nuevo universo creado. Mis imágenes mentales: Recuerdos, calma, serenidad, sosiego. Inicia con sonidos de viento y la misma pasividad de la parte dos. Quise generar la sensación de un lugar desértico y abandonado. Se incluye el sonido de un cuenco tibetano, asociado con el retorno al origen, a la calma, al ordenamiento primigenio. Poco a poco aparecen de nuevo armónicos, aunque esta vez hay una melodía más establecida. Luego, los mismos acordes del segundo movimiento reaparecen ahora con efectos de *delay* diferentes y un sonido de guitarra más acústico. Sorpresivamente irrumpe la tranquilidad, una melodía distorsionada, manipulada digitalmente para eliminar los ataques de las notas. Viene a ser casi como un lamento o un grito. Los elementos desaparecen paulatinamente hasta disiparse. El viento es ahora el atractor que nunca cesa, inclusive cuando todos los otros elementos dejan de sonar. El viento es lo que queda.

Elemento del caos con el que se relaciona	Relación encontrada con los sonidos de la obra	Lugar y tiempo específicos donde se manifiestan
Vórtices y pequeñas turbulencias del viento	Se representan sutiles sonidos de las cuerdas al ser frotadas con la palma de la mano. Son sonidos sutiles que se entremezclan con el del viento.	Seg 8:50 Seg 59 Seg 1:33 Seg 1:58

Efecto mariposa	Aparecen de nuevo los armónicos pero, esta vez, como esparcidos. Se quiere generar la sensación de disipación (o corrosión producida por el viento en las cosas abandonadas en lugares desérticos). También hay nuevos destellos en naranja que aparecen cuando suena un pequeño cuenco tibetano ocasionalmente.	Seg 9:17 Seg 9:24 Seg 9:34 Seg 9:40 Seg 9:45
Fractal	Esta es la parte más tonal de la obra, ya que suenan arpegios en una tonalidad pero, su sonoridad, es modificada en búsqueda de la permanencia y posterior disipación.	Seg 9:43 Seg 9:45
Convivencia de orden y caos	Gracias al uso del software se modifica una melodía, de tal forma, que se convierte en una especie de grito amorfo. Al finalizar este "canto", los elementos, van, paulatinamente, disipándose hasta que la obra termina. Este último movimiento, y en particular éste momento, tratan de representar el momento entrópico cuando ya toda la energía se ha extinguido, en una especie de quietud. Aquí lo único que queda es el conjunto de sensaciones que la obra generó, pero la obra como tal ya se ha consumido.	Seg 10:35

VIENTO
Raúl Poveda Casas
Guitar1
0:31 0:38 0:48 0:55 1:00 1:04 1:09 1:15
f f f p
Guitar2
0:24 Frotado con palma
Guitar3
pp
0:57
Delay Libre
Viento y cuenco
Libre
Gt1
1:22 1:34 1:41 1:44 1:48
Gt2
Gt3
Vi y Cu
1:29 1:40
Gt1
Gt2
ppp
Dist 1:50 1:56 2:01 2:08 Wah. 2:12 2:19 2:21 2:25
p < f f
Gt3
Vi y Cu
Libre Libre Libre Libre
f pp

LAS INESPERADAS TURBULENCIAS EN EL PROCESO DE CREACIÓN

Lo hallado operativamente, en un proceso de ensayos y errores, llegó hasta el punto en donde el caos aparecía mani festándose en su aleatoriedad, desorden y destrucción de órdenes que parecían estar equilibrados. En los procesos de edición, mezcla, aplicación de efectos y todo lo relacionado con la producción musical de la obra se comenzaron a presentar fenómenos físicos que anulaban intenciones deseadas, o que, simplemente, aparecían como errores. Ejemplo, donde se quería que sonara más fuerte, los sonidos se anulaban entre sí y desaparecían.

A continuación, se develan algunos de los imprevistos que el caos manifestó en la construcción de la obra.

- ### EL RUIDO LLEVA AL SILENCIO, LITERALMENTE

Tal cual como cuando alguien se satura del medio que le rodea, de las personas hablando o del ruido de un lugar y parece perderse en sus propios pensamientos, escucha todas esas voces como un fondo difuso, al tener sonando eventos rizomáticos que involucraban muchas "ramas" sonoras diferentes; se llegó a un punto donde sólo algunas de ellas se escuchaban. Fue necesario, entonces, comenzar nuevas indagaciones y probar diferentes métodos. Decantar, filtrar, sacar lo que no sirve y, en términos de producción musical, ecualizar, es decir, resaltar las frecuencias deseadas. Hubo que "podar" el árbol para entender sus ramas.

- ### LA RETROALIMENTACIÓN POSITIVA Y NEGATIVA EN SU EQUILIBRADA DANZA

Aparecieron otros fenómenos acústicos, como los batimientos, el cambio de sensación de volúmenes, ecualizaciones y mezcla, en convivencia con errores intencionales; se experimenta la sensación de escucha de sonidos que no fueron grabados, que suenan, inclusive, con intervalos de tiempo más o menos regulares.

Finalmente, tras vislumbrar que la obra planteaba la posibilidad de hacer convivir elementos múltiples y complejos en las dinámicas del caos, se inicia otro recorrido, con miras a enriquecer el presente documento. La obra comenzaría a disiparse para dar paso a otro evento correlacionado pero, felizmente, mi anhelado acto de habla ha conocido la luz.

CONCLUSIONES

"El arte, en sí mismo, es un intento de poner orden al caos."

STEPHEN SONDHEIM

INICIALMENTE, he de decir que, como investigador, la experiencia de adentrarse en la comprensión del paradigma del caos y la complejidad encaminó un trabajo que, en sí mismo, y en su metodología, manifestaba comportamientos erráticos cuyos resultados variaban considerablemente cuando se presentaba alguna modificación.

Afortunadamente, luego de haber finalizado este trabajo de exploración de los elementos más importantes del paradigma del caos, a través de una amplia consulta documental, en relación con sus posibles coincidencias o diferencias con los procesos de creación musical, se pudo llegar a las siguientes inferencias principales:

La primera tiene que ver con el desarrollo del lenguaje, pues, respecto al uso de las palabras "caos, orden y complejidad", se pudieron descubrir ciertas conveniencias, según contextos determinados, es decir, si bien desde las miradas etimológicas o científicas, estas palabras tienen concepciones bastante concluyentes, en contextos cotidianos, por otra parte, sus usos pueden variar y, aunque no estén, del todo, alejados de tales explicaciones, devienen en confusiones pragmáticas. Por ejemplo, la palabra caos se relaciona popularmente con desorden debido, probablemente, a que cuando, en un análisis científico se presenta un comportamiento caótico, devienen condiciones erráticas e impredecibles. Luego, para el común de las personas, lo errático e impredecible se asocia con lo caótico por la incertidumbre que genera, aunque pueda no serlo. Lo complejo, por su parte, también suele confundirse con el caos en lo popular, tal vez, por la imposibilidad de comprensión del sistema observado dado que la cantidad de elementos del sistema complejo puede agobiar al observador cotidiano; Un científico distinguirá si algo es complejo y no caótico pero, para la visión cotidiana, la imposibilidad de ver "el cuadro completo" y, en cambio, una "madeja" de situaciones que intervienen en un sistema con dinámicas que no se comprenden, pueden conllevar a sentimientos similares a los que se generan con lo caótico.

Con base en lo anterior, podemos establecer que la música, en tanto creación humana, siempre es producto del ordenamiento, inclusive si los elementos sonoros utilizados se dejan transcurrir de maneras aleatorias. Allí, se puede presentar la complejidad o simplicidad dado el número de elementos sonoros y estructurales que se usen y las relaciones que se produzcan entre ellos. El caos, por su parte, desde el punto de vista científico moderno, sólo se presenta en la música de síntesis, en tanto que, tras una modificación de las condiciones iniciales, usando, por ejemplo, el recurso técnico conocido como Sample and hold, los resultados pueden ser, notablemente diferentes. De resto, podemos hablar de caos en música aunque acercándonos más a la acepción popular de la palabra, en tanto que se puedan encontrar relaciones confusas. Cabe aclarar que, en ese caso, lo que se da son relaciones complejas, no caos.

En relación con los actos creativos en general, pese a que por su complejidad no es posible dilucidar las incalculables ideas, vivencias y pensamientos del autor en torno a lo que encierra su búsqueda y articulación de los elementos, al conformar su creación se puede apuntar a que todo aquello involucrado tiene que ver con la creación de esa nueva realidad a la que llama su obra y que los elementos con los que fue creada adquieren una importancia, no por sí solos, sino en relación con el todo del que participan.

Bajo esa óptica, se pudo constatar que los sonidos de varias obras estudiadas e incluyendo la mía, manifiestan comportamientos muy similares y comprobables desde lo científico, a los que presentan algunos elementos del caos y la complejidad y, que en ese sentido, se puede concluir que guardan relaciones, más o menos directas, con la creación artística musical. Por ejemplo, en cuanto al comportamiento general de las creaciones artísticas musicales, podemos advertir que la similitud de éstas con procesos biológicos, físicos y, en particular, con los elementos del caos y la complejidad es, al menos perceptible, en tanto podemos observar que parten de un impulso de energía que transforma elementos que se desarrollan e interactúan entre sí, en relación con el entorno y finalmente se disipan.

Otra conclusión respecto de mi trabajo como creador musical, me permite afirmar que el estudio del paradigma del caos y sus complejas relaciones rizomáticas se constituyó en piedra angular de mi desarrollo como músico y compositor, en tanto que se convirtió en una herramienta valiosísima para explorar y experimentar la posibilidad de hallarme a mí mismo y a mi propio acto de habla musical.

En ese recorrido, varios referentes de percepción y procedimentales fueron transformados. Los procesos de construcción de la obra, la exploración heurística, el ensayo y error, se vieron afectados por lo complejo y lo caótico, en tanto que, los métodos no seguían un plan cerrado o inalterable, sino que fue permeable a posibilidades prácticamente infinitas. Por ejemplo, a pesar de que se utilizaron algunas sonoridades tonales o efectos, que se suelen usar en los parámetros de orden de la música rock convencional, no hubo la intención de inscribirla a patrones compositivos o referentes sonoros estáticos, sino que, por el contrario, los sonidos escogidos y su ordenamiento, fueron producto de múltiples interacciones que involucraron diversas posibilidades y resultados impredecibles. Como resultado, la obra propone una construcción novedosa en cuanto a la organización y la utilización de esas sonoridades, independientemente de que tales elementos ya antes hayan sido utilizados en otras creaciones musicales.

Entonces, como creador artístico musical, puedo afirmar que dentro de la incalculable maraña de vivencias que experimenté en este proceso investigativo y compositivo, pude lograr la posibilidad de encontrar esa individualidad, que me fue esquiva en tantas oportunidades, y que por fin, dentro de la impensable cantidad de repeticiones que se pueden dar en la naturaleza, sean obras, sonidos o seres humanos, puedo decir que así como soy único, gracias a esta experiencia, he creado una obra musical única. En ese sentido, pude encontrar, con un agrado inconmensurable debo aclarar, que mi obra se constituye, en sí misma, en mi propio acto de habla y mi rito personal de remembranza de un momento particular y transformador. Gracias al abordaje de los procesos involucrados, este libro pudo conformar mi deseo de compartir cómo lo logré, para que otros, si lo desean, hagan parte del mundo que creé y conformen los suyos propios.

Respecto a la percepción del público de la obra, deducimos que las posibilidades son aún más grandes: los contenidos simbólicos, por ejemplo, son sólo "claros" para el compositor, pues, sólo él comprende su universo creado. Cada uno de los escuchas, por su parte, generará nuevos universos y relaciones mentales y emocionales, teniendo en cuenta miles de variables: sus dimensiones, sus gustos o sus propias turbulencias.

Como resultado, habrá algunos que no experimenten prácticamente nada y otros, a los que les pueda fascinar y conmover.
Sólo quienes sean capaces de "sumergirse" en la nueva realidad propuesta, podrán decodificarla, entenderla y disfrutarla,
pero, en cada caso, bajo la influencia de sus propias vivencias.

En cuanto a las músicas que, en mayor o menor medida, se
apartan de los cánones de ordenamiento clásico occidental, es
decir, las experimentales, sintéticas, contemporáneas y, en sí,
todas las que rompen con los moldes de lo comercial o lo convencional, se pudo observar, que su audición, no suele ser algo
de consumo popular o masivo, probablemente, porque en muchos casos, no tiene referentes en el cerebro de la mayoría o,
en otras palabras, porque requieren de una escucha activa de
eventos que no corresponden a alguna configuración previa.
Por ello, su público, normalmente, se conforma por quienes se
atreven a intentar una decodificación de esos nuevos lenguajes
musicales para comprenderlos y disfrutarlos. Me atrevo a su-
gerir que, tal vez, el deleite de estas personas, radica más en la
sorpresa que en el reconocimiento de patrones.

Por otro lado, en cuanto a mi trabajo como investigador
(describiendo el proceso creativo de la obra y sus relaciones
con el paradigma estudiado), y como compositor (creador),
pude percibir que soy causa de mi creación y ésta, a su vez, es
signo y efecto, lo que generó una inevitable tautología, en tanto que hablo y me hablo. En palabras del caos, al crear música
mientras se trata de comprender la naturaleza de la misma en
relación conmigo mismo, se da una especie de vórtice de retroalimentaciones que pueden ser o no equilibradas y cuyo centro
soy yo mismo. Por ello, las entrevistas realizadas a los personajes cuyo trabajo se relaciona con los paradigmas estudiados
y que se presentan en el apartado de anexos, se constituyen
como otros puntos de vista que enriquecen los planteamientos
aquí expuestos.

Como resultado de ello, me atrevo a manifestar que la obra de creación musical propia aquí presentada, en sí misma, responde la pregunta de investigación formulada inicialmente, pues, partiendo del estudio del paradigma del caos y la complejidad, desde la visión de la física cuántica, y tomando como base diferentes referentes e intentos de explicaciones que lo abordan a través del trasegar de la historia humana, fue posible establecer relaciones entre los actos de creación musical analizados y el mío propio, con los procesos y elementos del paradigma estudiado.

Finalmente, tanto la obra, como el presente documento, pretenden proponer una reflexión profunda, en principio, sobre la teoría que los sostiene, pero también, con otras tantas que se puedan abordar, con miras a que la comprensión de tales paradigmas, en relación con los actos de creación musical, ayuden a las nuevas generaciones de músicos y compositores de las instituciones educativas de formación musical, en sus propios procesos creativos. Se propone, de esta manera, suscitar nuevas posibilidades de conocer, más a fondo, nuestro universo y a nosotros mismos, para comprender de dónde provienen los gestos de habla que se generan con las obras que creamos.

En ese sentido, se recomienda que estas temáticas sean tenidas en cuenta, en lo sucesivo, por los estudiantes y por quienes tienen en sus manos la orientación de la formación musical de esos nuevos creadores musicales y alumnos de postgrado. Se plantea la idea de que, en la medida en que sea mayor la comprensión de los fenómenos del universo en el que habitamos, y los que suceden en nuestro propio interior, puede ser mejor la forma de comprender y manifestar nuestros propios actos creativos de habla. Desde esa perspectiva, sugiero que un artista que conoce el caos y la complejidad puede alcanzar logros excepcionales.

Al explorar más posibilidades de creación musical, es decir, lo ordenado, lo complejo o lo caótico, el creador puede generar otras formas de arte, tal vez, más sinceras y propias, de alguna manera, estará más cerca de des-identificarse o identificarse con generalidades propuestas por otros. Finalmente, está en su decisión qué elementos usar y como ubicarlos en su obra pero, mejor si es consciente de donde provienen esas decisiones.

BIBLIOGRAFÍA

Adorno, T. W. (2016). Sobre la música popular. Blog *Artilleria inmanente*. Obtenido de: [https://artilleriainmanente.noblogs. org/?p=180].

Aguirregabiria, J. M. (2009). *Introducción al Caos Determinista*. Obtenido de: [http://cipri.info/resources/ART-Introduccion_al_ Caos_Determinista.pdf].

Aharonián, C. (2002). *Introducción a la música*. Montevideo, Uruguay: Editorial Tacuabé.

Aristóteles (s.f.). *Tratado del Cielo* , *II, cap 9, 290*. Obtenido de: [https://drive.google.com/file/d/0BzH20_Ds87woUUpBS29RbG-1TY0tJR3Nmb2Ffa3lWZw/view].

Bannach, A. (2013). *An Extended Analysis of Krzysztof Penderecki's Threnody to the Victims of Hiroshima*. Obtenido de: [http://www. anthonybannach.com/uploads/2/1/6/7/21674290/pendereckipaper.pdf].

Barge, L. Y. (1980). La Geometría del Sonido [Archivo de video]. Obtenido de: [https://www.youtube.com/watch?v=lXPj-TtXvu0].

Bauman, Z. (2003). *Modernidad líquida*. Buenos Aires, Argentina: Fondo de cultura Económica.

Beltramino, F. (2003). Documentos de Jóvenes Investigadores - La relación del público con la música electroacústica. Obtenido de: [http://lanic.utexas.edu/project/laoap/iigg/ji3.pdf].

Bhuigas, J. (29 de abril de 2015). Pitágoras y la Música de las esferas [Archivo de video]. Obtenido de: [https://www.youtube. com/watch?v=cvtVphx1AF8].

Biografías y vidas (2018). Goya. Obtenido de: [https://www.bio-grafiasyvidas.com/monografia/goya/].

Briggs, J. y Peat, D. (1989). *Espejo y reflejo. Del ordén al caos. Guía ilustra-da de la teoría del caos y la ciencia de la totalidad.* Barcelona: Gedisa.

Briggs, J. y Peat, D. (1999). *Las Siete Leyes del Caos.* Barcelona: Gri-jalbo Mondadori S.A.

Caballer Muñoz, J. D (2015). *Adorno: filosofía, estética y música. Ha-cia una educación crítica musical.* Obtenido de: [http://reposito-ri.uji.es/xmlui/bitstream/handle/10234/136566/TFG_2015_CaballerMu%C3%B1ozJD.pdf?sequence=1&isAllowed=y].

Carpenter, A. (2012). Krzysztof Penderecki. Threnody (for the Vic-tims of Hiroshima), for 52 strings [On line]. allmusic.com. Ob-tenido de: [http://www.allmusic.com/composition/threnody-for-the-victims-of-hiroshima-for-52-strings-mc0002378039].

Chul Han, B. (2015). *El aroma del tiempo.* Barcelona: Herder.

CCMC (2011). Perfiles de miembros. [On line]. Círculo Colombia-no de Música Contemporánea. Obtenido de: [https://ccmc.com.co/user/rarccmc1/].

Clarke, A. C (24 de diciembre de 1994). Fractals - The Colors Of Infinity [Archivo de video]. Obtenido de: [New Moon Produc-tions: [https://www.youtube.com/watch?v=Lk6QU94xAb8].

De León, M. (14 de julio de 2016). Madrid Blogs Matemáticas y sus fronteras. Obtenido de: [http://www.madrimasd.org/blogs/matematicas/2016/07/14/141866

Electrocd (1998). 33 Años de Música Electroacústica Colombiana. Electrocd.com. Obtenido de: [http://www.electrocd.com/en/cat/eco_01/couverture/

Eliade, M. (2001). *Mitos, sueños y misterios.* Barcelona: kairos.

Fondo de Cultura económica de México (1947). *Popol Vuh. Las anti-guas historias del Quiché.* México. Obtenido de: [https://arqueo-logiamexicana.mx/mexico-antiguo/la-creacion-del-mundo-se-gun-el-popol-vuh

García Echeverri, M. (2015). La situación social de la música en Theo-dor W. Adorno. *Revista Ciencias y Humanidades.* V. I. pp. 151-192.

Gleick, J. (2012). *Caos: La creación de una ciencia*. Barcelona: Crítica.

González, J. (marzo de 2009). La teoría de la complejidad. *Revista Dyna*, Universidad Nacional de Colombia (Sede Medellín). Volumen 76, Número 157, 243-245. Obtenido de: [https://www.redalyc.org/pdf/496/49611942024.pdf].

Goodwin, B. (2003). Complejidad y Caos. Capítulo REDES 275 [Archivo de video] (E. Punset, Entrevistador) Obtenido de: [https://www.youtube.com/watch?v=Ekt0b97jSVg].

Goodwin, B. C. (21 de febrero de 2018). Complejidad y Caos. Obtenido de: [https://www.youtube.com/watch?v=AJEsF0008AY].

Guénon, R. (1988). *La crisis del mundo moderno*. Barcelona: Ediciones Obelisco.

Harari, Y. N. (2014). *De animales a Dioses*. Barcelona: Debate.

Hawking, S. (1988). *Historia del Tiempo*. Barcelona: Crítica.

Hawking, S. y Mlodinow, L. (2010). *El Gran Diseño*. Barcelona: Crítica.

Hernández Iraizoz, D. (2013). Theodor Adorno, elementos para una sociología de la música. *Sociológica, año 28, número 80*, 123-154. Obtenido de: [http://www.scielo.org.mx/pdf/soc/v28n80/v28n80a4.pdf

Herrera, O. (19 de febrero de 2010). Breve Historia de la musica electronica [Archivo de video]. Obtenido de: [https://www.youtube.com/watch?v=xR7P8DfPD8E].

Iglesias R. A. (2001). Técnicas contemporáneas de creación y raíces culturales. *Revista Musical Résonnances*. Consejo Internacional de la Música de la UNESCO N° 115.

Iglesias R. A (2018). Programa de formación de la Licenciatura en Música Autóctona, Clásica y Popular de América. Argentina.

Jankélévitch, V (2005). *La música y lo inefable*. Barcelona: Ediciones Alpha Decay S.A.

Jünger, F. G. (2006). *Los Mitos Griegos*. Barcelona: Herder Editorial.

Kaku, M. (2009). *Física de lo imposible*. Barcelona: Debate.

Kush, R. (1975). *Dos Reflexiones Sobre La Cultura*. Buenos Aires: Garcia Cambeiro.

López Corredoira, M. (2001). Determinismo en la física clásica: Laplace vs. Popper o Prigogine. *El Basilisco*, 29-42. Obtenido de: [http://www.iac.es/galeria/martinlc/basilisco/basilisco.html].

Madrid, C. M. (2010). Historia de la Teoría del Caos Contada para Escépticos. *Encuentros Multidisciplinares*, 16-31. Obtenido de: [http://www.encuentros-multidisciplinares.org/Revistan%-BA34/Carlos%20Madrid%20Casado.pdf].

Malaterre, J. (Dirección) (2010). Ao, el último Neandertal (Titulo original: Ao, le dernier Néandertal) [Película].

NatGeo (6 de junio de 2013). Cosmologia, La Flecha del Tiempo y La Entropía [Archivo de video]. Obtenido de: [https://www.youtube.com/watch?v=89l_6Nh_m4Q].

NatGeo (26 de abril de 2016). Canal Documentales. La Historia de Dios. Temporada 1. Episodio 4. [Archivo de video]. Obtenido de: [https://www.youtube.com/watch?v=g-GMW0G0tMs].

Oxley, P. (20 de febrero de 2012). La cuarta dimension. Tiempo cósmico [Archivo de video]. Obtenido de: [https://www.youtube.com/watch?v=us0s3MAHH3w].

Pégolo, L. Y. (2006). *La música de las esferas : Textos de Cicerón, Macrobio, Favonio.* Buenos Aires: Secretaría de Cultura de la Educación Argentina.

Pérez Porto, J. (2020). Definición.de [Diccionario On Line]. Obtenido de: [http://definicion.de/].

Platón (1872). Epinomis. En: *Obras Completas* (Tomo 11). Madrid: Patricio de Azcárate. Obtenido de: [http://www.filosofia.org/cla/pla/img/azf11137.pdf].

Portela, G. M. (1859). Discurso leído en la Universidad Central de Madrid para recibir investidura de Doctor en Teología. Madrid: Imprenta de Luis García.

Prigogine, I. (1997). *Las Leyes del Caos.* Barcelona: Crítica.

Prigogine, I. (2004). El desorden creador. Literatura e Ideas del Mundo Necesario [On Line]. Obtenido de: [https://www.nodo50.org/ciencia_popular/articulos/Prigogine.htm.

Profesor en línea (2016). Empirismo. [On line]. profesorenlinea.cl Obtenido de: [http://www.profesorenlinea.cl/universalhistoria/PensamientoHbreEvoluc/Empirismo.htm].

Randel, D. M. (2003). *The Harvard Dictionary of Music*. Cambridge: Harvard University Press.

Ravera, R. M. (1998). Caos y ordenen los procesos del arte. *Repositorio institucional Universidad Nacional de la Plata*, pp. 73-77.

RAE (2001). *Diccionario de la lengua española*. (22.aed.):. Versión On Line, obtenido de: [http://dle.rae.es/?id=7HD3hMJ].

Redes, D. (16 de octubre de 2008). *La Música y la Física, El Orden del UniVerso [Archivo de video]*. Obtenido de: [https://www.youtube.com/watch?v=2t-HXAPh7Xo&feature=related].

Romano Gómez, A. M. (2013). Jacqueline Nova y el maravilloso mundo del ruido. *Arcadia*, http://www.revistaarcadia.com/impresa/especial-chicas-afuera/articulo/jacqueline-nova-maravilloso-mundo-del-ruido/32439].

Romano Gómez, A. M. (26 de junio de 2015). Obtenido de: [Biblioteca Nacional de Colombia: http://www.bibliotecanacional.gov.co/content/creaci%C3%B3n-de-la-tierra-pieza-del-mes].

Romero Fillat, J. M. (2011). *M de música. Del oido a la alquimia musical*. Barcelona: Alba.

Rudgley, R. (2000). *Los pasos lejanos. Una nueva interpretación de la prehistoria*. Madrid: Grijalbo.

Sabiduría Eterna (8 de abril de 2015). El Universo es Vibración. [Archivo de video]. Obtenido de: [https://www.youtube.com/watch?v=q3xuJSc08mQ].

Schneider, M. (1998). *El Origen Musical de los Animales-Simbolo en La Mitología y La Escultura Antiguas*. Madrid: Ediciones Siruela.

Significados.com (s.f.). Obtenido de: [https://www.significados.com/complejidad/].

Smith, P. (2006). *El Caos*. Madrid, España: Ediciones Akal S.A.

Solé, R. V. (1994). *Orden y Caos en Sistemas Complejos*. Barcelona: Ediciones UPC.

Sztajnszajber, D. (28 de noviembre de 2016). El tiempo. Facultad Libre Virtual. Obtenido de: [https://www.youtube.com/watch?v=VIhuJXAQiJM&t=5229s].

Toledo, D. (2007). El Mito del caos primigenio y su vínculo con las cosmogonías filosóficas de Tales y Anaximandro De Mileto. *STOA*, pp. 55-78.

UNTREF (26 de julio de 2013). El Pensamiento de Rodolfo Kusch. Mundo Untref académico [Archivo de video]. Obtenido de: [https://www.youtube.com/watch?v=aAss-Qmlqls].

Uribe, D. (10 de septiembre de 2012). Canal de Historia - Pink Floyd 30 años [Archivo de audio]. Obtenido de: [https://www.youtube.com/watch?v=-skyOUuFj48].

PLAY LIST RECOMENDADO

Krzysztof Penderecki - Threnody for the victims of Hiroshima (1960) [https://www.youtube.com/watch?v=HilGthRhwP8].

Tristan Murail – Vampyr (1984) [https://www.youtube.com/watch?v=zcylDGz09JM&list=PLA5749D31481394D4&index=1].

Jacqueline Nova - Cantos de la Creación de la Tierra (1972). Electroacústica [https://www.youtube.com/watch?v=1BOou1hQEmY].

Rodolfo acosta - Mirror (2006) [http://www.ccmc.com.co/perfil_muestra.php?afilia=1000000019].

Nigel Stanford CYMATICS: Science Vs. Music [https://www.youtube.com/watch?v=Q3oItpVa9fs].

John Cage - Sonata II For Prepared Piano [https://www.youtube.com/watch?v=pUTXNxFvjDw].

Iannis Xenakis "Mycenae Alpha" (1978) [https://www.youtube.com/watch?v=yztoaNakKok].

Iannis Xenakis "Jonchaies" for 109 musicians (1977) [https://www.youtube.com/watch?v=Ryiu2MYmmBY].

Pink Floyd - Echoes - Live at Pompei [https://www.youtube.com/watch?v=hLXnBDl-LG4&list=PLE7AA98717AB8B639].

Steve Gilliland (GillaWatts) Fractal Algorithmic Music. Morse Thue Sequence Henon Attractor. Música Fractal [https://www.youtube.com/watch?v=6VZq7EurckI].

Kormann, Dmitry. Fractal Piece Final Web. Música fractal [https://www.youtube.com/watch?v=HQkZV8wwC24].

Música fractal [http://bowerbird-studios.com/aicaramba/page2.html].

Música fractal [http://www.brotherstechnology.com/math/frac-
tal-music.html].

DOCUMENTALES RECOMENDADOS

Fisica 4all (2015). Principio de incertidumbre de Heisenberg -
Explicado español [https://www.youtube.com/watch?v=LfL-
mzt2dn9M].

Morin, Edgar. Multiversidad Mundo Real, una visión integradora.
Conferencia Universidad Nacional Autónoma de México. Centro de investigaciones interdisciplinarias en ciencias y humanidades [https://www.youtube.com/watch?v=D2qQQC36WRk].

REDES (2011). Física Cuántica. La incertidumbre del Universo
Cuántico. I Parte [https://www.youtube.com/watch?v=Fui-
q_7pv85g].

REDES (2018). Caos y complejidad [https://www.youtube.com/
watch?v=AJEsF0008AY&t=140s].

DOCUMENTOS RECOMENDADOS SOBRE CIENCIA Y ARTE

Alsina, P. (2017). Arte & Ciencia: Analogías entre el arte y la ciencia
como formas de conocimiento. Cuaderno de Cultura Científica. Disponible en: [https://culturacientifica.com/2017/07/22/
arte-ciencia-analogias-arte-la-ciencia-formas-conocimiento/].

Díaz, J. L. (1994). Ciencia y arte: la inteligencia de las musas. Disponible en: [http://bibliotecadigital.ilce.edu.mx/sites/ciencia/
volumen3/ciencia3/152/htm/sec_11.htm].

Estrada Loyo, E. (2015). *El ábaco, la lira y la rosa. Las regiones del
conocimiento.* V. Entre la ciencia y el arte. Ciencia UANL, año 18,
no. 75, septiembre-octubre. Disponible en: [http://cienciauanl.
uanl.mx/?p=4852].

ANEXOS

A continuación se presentan algunas entrevistas realizadas a personajes de diversos campos del conocimiento, quienes concedieron permiso explicito para que sus opiniones con respecto al tema del libro fueran incluidas con el fin de dar mayor solidez a los planteamientos aquí expuestos; pero, sobre todo, para abordar desde otras miradas los temas en cuestión.

Figura 47. Avelino Niño Rodriguez. Fuente: archivo personal.

AVELINO NIÑO RODRÍGUEZ

Cuando la Música Vibra con Pasión, la Vida se Despliega sin Límites

Bogotá (1951). Licenciado en Lenguas Modernas de la Universidad Pedagógica Nacional; Magister en filosofía de la Universidad Incca de Colombia. Ha sido profesor de las universidades Pedagógica, Incca, Distrital, San Martín, Los Libertadores y Libre. Docente de Filosofía, problemas globales, historia de Colombia, humanística, ética y política, apreciación artística, lógicas y teorías del conocimiento, fundamentos de investigación, taller de investigación, trabajos de grado, español, inglés y francés. Investigador y promotor de semilleros de investigación en innovación pedagógica y sistemas de pensamiento, desde un enfoque interdisciplinario. Además, fue Secretario General de la Asociación Colombiana de Facultades de Artes. Actualmente, hace parte de grupos de investigación en las mismas áreas, registrados en Colciencias.

Conocí al maestro Avelino mientras cursaba mi pregrado de licenciatura en música en la Universidad Pedagógica Nacional. Siempre me encantaron sus clases. Nunca había conocido a alguien con una elocuencia tan alucinante. Hablaba de muchos temas y, no sé cómo, lograba conectarlos todos. Al terminar las clases, uno se iba con los compañeros hablando de los temas tratados o, directamente, seguía hablando con el profe Avelino. De ahí, se fue forjando una amistad que ha perdurado por años, a pesar de los distanciamientos. Su ayuda metodológica y conceptual fue la principal guía para mi trabajo de grado de la maestría que cursé en Argentina y, posteriormente, fue crucial para consolidar este libro.

A continuación, presento las principales ideas, en sus propias palabras, que surgieron tras las sesiones preparatorias de este trabajo:.

-Profesor Avelino ¿Cuál es su pensamiento sobre el caos, el orden y la complejidad?

Los tres son partes fundamentales de nuestro universo y están presentes en todo lo que nos rodea. Desde nuestros inicios como especie, en la antigua Mesopotamia, utilizábamos la onomatopeya para camuflarnos en el mundo que habitábamos; imitábamos los sonidos de la naturaleza, de las aves, del viento, del agua, los rugidos, los truenos, las manifestaciones más caóticas que nos rodeaban. Vale la pena anotar que en el caos cambia la forma y el contenido; sus estructuras son inestables y sus puntos de apoyo son movibles. No busca la permanencia, sino el *aquí y ahora*. La base del orden, por su parte, es el *ser*, es decir una idea que nunca cambia, inmóvil, eterna e inmutable, perfeccionada teóricamente con la modernidad.

Pero, pensar en términos caóticos significa introducirse en el pensamiento complejo y para comprender los fenómenos complejos es necesario renunciar a la modernidad, es decir, al mundo de la razón y a los sistemas de pensamiento cerrado, llenos de principios, de teorías y certezas. La razón ya no tiene el monopolio de los análisis porque es limitante: no se puede salir de los paradigmas en los que se ha encasillado. En el mundo de la razón, los análisis son de valor absoluto mientras que en el mundo del caos los análisis y afirmaciones son relativos. El orden de la razón intenta establecer permanencia. Recordemos que el mito y la fe establecieron los cimientos del orden; la modernidad le dio su forma acabada.

-¿Podemos hablar de música construida dentro del marco del orden y música caótica?

La música creada dentro de los lineamientos del orden, permanece, para siempre. En el caos no hay posibilidad alguna de *ser, esta* busca desplegarse y cambiar. Algunas culturas aborígenes norteamericanas comprendían el universo en términos del caos. De niños tenían un nombre; luego, cambiaba de acuerdo con su edad; al envejecer, recibían otro nombre y, al morir, ese nombre no volvía a ser pronunciado. Imaginemos el conflicto del europeo al encontrarse con eso. La razón no puede entender cómo operan las cosas en el mundo cuántico. Hay mejores resultados con el pensamiento complejo: Simplemente, hay que mirar cómo la física determinista Newtoniana intentaba y esperaba que los fenómenos de la naturaleza pudieran ser descritos mediante movimientos sincronizados y perfectos mientras que, en la física cuántica, gracias al pensamiento complejo han descubierto universos infinitos de posibilidades. Hay cosas en la vida que no resultan tan *fáciles* como se espera. Ahí, la incertidumbre juega un papel definitivo.

La ciencia aristotélica de los universales llegó a su máximo grado de esplendor con el mundo moderno y el método científico positivista, pero hay una ciencia contemporánea que ha renunciado a ellos y a las verdades propuestas desde allí, y está actuando dentro de los terrenos de la relatividad; ya no hace afirmaciones de valor absoluto. El arte, también se manejó por mucho tiempo dentro de los límites de la belleza, el orden, el equilibrio y los conceptos de las leyes provenientes de la ciencia, pero en lo contemporáneo el arte se libera de esa camisa de fuerza que le impone el ordenamiento positivista y empieza a construir nuevos enunciados dentro de los terrenos del caos y la complejidad; comienza a actuar dentro del mundo de la relatividad. No hay que confundir eso con la *moda del caos* que hemos visto desde hace unas tres décadas: iglesias que tocan rock, gente *new age* que tiene sus propios rituales mezclando diversas culturas o compositores que experimentan con los ruidos, como Yoko Ohno. Esos no son discursos honestos. Cambian la forma, pero el contenido sigue siendo el mismo. Una verdadera búsqueda se aleja de los parámetros del orden, pero para explorar terrenos desconocidos. La vida solo se despliega en el caos. Esos experimentos siguen siendo parte del mundo del orden.

-¿Qué relación encuentra entre el caos, el orden y la complejidad?

Cada uno de estos conceptos se entiende de acuerdo con las coordenadas en las que habita quien los decodifica. En mi caso, el caos constituye la base del funcionamiento, evolución y complejización de los multiversos, es decir, de las inagotables posibilidades de transformación de los mundos. En ese contexto, la complejidad hace referencia a la multiplicidad de formas que toman los cambios, según las dinámicas del tiempo. En lo que respecta al orden, este hace referencia a momentos efímeros en los que las formas se configuran para asumir otras dinámicas en los interminables procesos transcursivos.

LUIS HERNANDO CÁRDENAS

LO QUE ES Y LO QUE NO ES CAOS, DESDE EL PUNTO DE VISTA DE LA CIENCIA MODERNA

Luis es físico teórico, especializado en física de partículas, compañero de vida de una de mis colegas docentes más querida y admirada. Su trabajo es meticuloso y son muchos los estudiantes quienes durante años han sido beneficiados con sus conocimientos. Durante la charla, me advertía sobre varios puntos en los que yo debía, a su criterio, prestar atención, debido a interpretaciones que, desde el terreno científico, merecían cierta claridad. Nada más afortunado, pues de lo que se trata este trabajo es, justamente, de compartir relaciones que encontré entre elementos caóticos, orden, complejidad y música; y, gracias a Luis, se establecieron conexiones, donde las había y se esclarecieron las partes donde no se manifestaban en lo científico moderno a pesar de relacionarse dentro de las concepciones populares.

-Luis, desde su perspectiva ¿puede definir los términos usados en la teoría del caos?

- Aclaremos, primero, que los términos como caos, aleatoriedad, fractales, turbulencias, efecto mariposa etc., son originarios y se acuñaron dentro de las ciencias, pero, en lo popular se suelen usar como una interpretación, un poco acomodada, por similitudes con lo comparado, es decir, que no se ciñen estricta y rigurosamente a su significado. Por ejemplo, la concepción cotidiana del *efecto mariposa* es que el aleteo de la mariposa en Bra-

Figura 48. Luis Hernando Cárdenas. Fuente: archivo personal.

sil puede generar un tsunami en Japón. Eso en realidad sólo se trata de un sistema dinámico lineal: la teoría del caos se utiliza para ejemplificar que pequeños cambios en un sistema pueden producir resultados complejos; acciones que tienen reacciones, como el efecto dominó, donde las fichas están alineadas en fila colocadas verticalmente y al empujar la primera, la energía y la gravedad hacen que se caigan una al recibir el golpe de la otra. Ahí no hay caos. También el término *entropía* merece la claridad de que es una medida de dispersión de la energía, pero no necesariamente caótica.

Entonces, de lo que podemos hablar es de sistemas dinámicos y estáticos. Los primeros, tienen variaciones en el tiempo mientras que los segundos no. El caos sólo se da en un sistema dinámico, pero el hecho de que sea dinámico no implica que sea caótico. Por ejemplo, si yo veo algo que se mueve ya es un sistema dinámico y, si tiene unas pocas variables, se considera simple, lo que a su vez, redunda en que si tiene más variables puede ser complejo. Ahí también suele haber confusión. El hecho de que un sistema tenga muchas variables no quiere decir necesariamente que sea un sistema caótico.

Entonces, un sistema sólo se considera caótico cuando cada vez que se varían las condiciones iniciales se generan grandes cambios. Debo tener puntos de comparación y, a diferencia de las concepciones populares, un sistema caótico puede ser medible y cuantificable y existen fórmulas para hacerlo. Por otro lado, se pueden tener unas condiciones iniciales que, a pesar de modificarlas, no generan un sistema caótico. Se considera caótico, solamente, cuando al cambiar esas condiciones iniciales se generan cambios radicalmente diferentes siempre. Por ejemplo, uno puede observar un péndulo y predecir lo que sucederá en su movimiento en determinado tiempo, inclusive, al entrecruzar muchos péndulos y soltarlos en determinado momento, se puede determinar lo que sucede con cada uno, y entre ellos, en términos de acción y reacción hasta que finalmente la energía se disipe y queden quietos. En cambio, si a un péndulo se le cuelga otro, es decir un doble péndulo si encontramos un sistema caótico.

Esto no quiere decir que uno no pueda predecir lo que va a suceder. Eso depende de muchos elementos a tener en cuenta y, de hecho, hay sistemas caóticos tanto predecibles como impredecibles. Un sistema puede tener muchas variantes. El cúmulo de variables no es lo que hace al sistema caótico, sino su comportamiento al variar las condiciones iniciales.

Por otro lado, tenemos los sistemas complejos que no necesariamente son caóticos como la red neuronal: nunca se van a tener las mismas condiciones iniciales a las cuales se les pueda hacer una modificación. Las neuronas funcionan en conjunto simultáneo y las activaciones son un sinfín de conexiones que nunca serán iguales a un punto anterior. En lo neuronal no podemos determinar una condición inicial. No podemos congelar un momento en el tiempo, simplemente, porque no funciona de esa manera.

Otros términos, como lo fractal, se usan de manera poco acertada en lo popular y se alejan de su significado original. En lo fractal, no es la repetición lo que nos interesa, sino que cada parte es exactamente igual a la otra y proporcional en todo sentido. Por ejemplo, si yo, dentro de un intervalo muy corto de tiempo, abro una onda de luz y veo que dentro de ella hay otra onda proporcional a la primera en frecuencia, en amplitud y en todos los sentidos, eso sí es un comportamiento fractal. Si cambian las mediciones de amplitud y frecuencia ya no lo es. El orden fractal es específico e inmutable y los hay lineales, cuadráticos o tridimensionales de acuerdo con categorías que responden a ordenamientos matemáticos.

En música, los sonidos, obviamente, se comportan de acuerdo con leyes de la naturaleza, pero las variaciones de una nota, la de 440 hertz de una guitarra, o un piano, tocadas consecutivamente, no manifiestan comportamientos fractales porque la amplitud de onda cambia. Las turbulencias, efectos lineales en el tiempo y demás comportamientos que podrían ser caóticos son resultados, pero no causas.

Refiriéndonos a las bifurcaciones y ramificaciones presentes en la música, podemos hablar de sistemas complejos, pero tampoco caóticos. Los crecimientos e interacciones de los sonidos son los que generan el discurso musical pero, la supuesta impredecibilidad de la manera como el compositor seleccione los sonidos, con el adecuado estudio se puede determinar y encajar en patrones. La única posibilidad de caos musical sería que al cambiar las condiciones iniciales, el resultado fuera radicalmente distinto es decir, que con cada nueva interpretación de la obra, esa variación inicial, produjera resultados completamente diferentes. En el caos, se trata de la interacción entre los elementos, pero, si la variación no genera cambios sustanciales se habla de sistema complejo, no de caos. Entonces, partiendo de que un sistema caótico sólo es tal de acuerdo a su condición inicial, por comparación, al repetir una canción o una obra, o si dos orquestas diferentes interpretan la misma pieza, encontraremos que seguramente no va a sonar igual, pero ahí, solamente, estamos hablando de sistemas complejos, pues a pesar de las variaciones, los resultados no son radicalmente diferentes. Ahí no hay caos.

-¿Puede presentarse caos en la música?

En cuanto a la percepción, si bien, la música afecta de manera diferente a cada persona, a cada átomo, tampoco hablaríamos de caos, solo se trata de complejidad porque no podemos determinar unas condiciones iniciales igual que lo que mencionábamos de las redes neuronales. Solo si se pudiera generar un algoritmo que cambiara esas condiciones generales produciendo efectos diferentes se hablaría de caos pero, en ese caso, cada obra resultante sería sencillamente otra pieza musical. Ninguna se parecería a la anterior, si su comportamiento fuera caótico.

Desde el plano de referencia científico, en la música se da mucho más la complejidad que el caos. En tu obra, por ejemplo, hay complejidad pero no caos. A mí, me generó angustia, pero, recordemos, que el arte es subjetivo, y esa fue mi percepción. Salvo las matemáticas, las leyes de las ciencias en el sentido amplio, no pueden ser aplicadas rigurosamente a lo musical es porque, justamente, buscan la certeza y la comprobación.

Entonces, lo que podemos hacer, es establecer similitudes, pero no certezas, de la presencia de elementos del caos en la música, como lo hicieron Kandinsky[39] y Shoenberg[40] en sus intentos de relacionar la música dodecafónica y la pintura abstracta. Ellos lograron convertir sistemas estáticos en dinámicos, pero

---

[30] Vasíli o Wassily Kandinski o Kandinsky (1866 - 1944) Pintor ruso nacionalizado alemán y posteriormente francés, destacado pionero y teórico del arte abstracto.

[40] Arnold Schoenberg o Schönberg (1874 - 1951) Compositor y pintor austríaco, nacionalizado estadounidense.

como interpretación, no en términos científicos, sino conceptuales. Lo científico es, o se espera que sea, comprobable, reproducible y que no tenga otros parámetros por los cuales no se cumpla, o sea que esté enmarcado dentro de leyes. Como interpretación, en cambio, si podemos establecer relaciones, pero no son defendibles en lo científico.

Yo pienso que, seguramente, con el lenguaje matemático habrá muchísimas similitudes más comprobables, pero, lo simbólico y lo conceptual no se pueden medir en términos científicos.

Es más probable el caos, científicamente hablando, en la ingeniería de sonido. Al mezclar, modificar frecuencias, usar efectos, suprimir etc, se pueden generar cambios muy significativos. La música, por su parte, siempre se va a enmarcar en patrones, sean predeterminados por la escuela, el género, el estilo, la geografía, etc., o configurados por primera vez por el compositor, entonces, la percepción del que la escucha, puede o no reconocer esos patrones de acuerdo a sus configuraciones cerebrales, pero los patrones siempre están. Si pensamos en la libertad creativa del compositor ya es un terreno más inestable aún. El creador musical, al *salirse* de todas las fórmulas, todos los arraigos culturales etc., igual se generará un sistema dinámico complejo. Además, teniendo en cuenta la percepción de los otros, sus reacciones ya no dependen de él. De alguna manera la obra deja de pertenecerle porque las fluctuaciones que se originarían en ellos, pueden ser tantas y tan inimaginables que ya no están dentro del control del creador musical.

Un sistema complejo una vez establecido es predecible y puede ser recreable. En tu obra, seguramente, se pueden hallar los algoritmos que la componen y con base en ellos generar otras obras muy similares aunque distintas. Una construcción musical que no incurriera en patrones sería infinita y el conocimiento para comprenderla tendría que ser infinito.

LA SÍNTESIS SONORA

Una tarde, después de un taller de música electrónica sobre Síntesis sonora, Jorge Castillo, músico electrónico e investigador, contaba a sus estudiantes la anécdota de su infancia en la que desarmó un radio en su casa para poder observar los personajes que hablan, se imaginaba personas pequeñas dentro del radio y, al abrirlo, se encontró con lo menos esperado. Lleno de componentes y artefactos extraños, que lleno de curiosidad sigue abriendo más el radio hasta llegar a su destrucción. Inmediatamente, se abre un nuevo universo para él. Cuenta, que cuando sus padres lo descubrieron, lejos de llamarle la atención, lo primero que pensaron fue en ponerlo estudiar electrónica. Él, es originario de La Tebaida (Quindío), y en una escuela de electrónica de la ciudad de Armenia, comenzaría su recorrido por ese fascinante mundo. Relata, cómo le enseñaban a comprender el funcionamiento mediante el uso de caricaturas y que, al poco tiempo, ya estaba ensamblando algunos circuitos electrónicos. Cómo la música siempre está presente en él, y el rock como su principal despliegue sonoro, empezó a tocar la guitarra eléctrica. Un día decidió experimentar con un walkman que le había regalado su mamá y convertirlo en un efecto de distorsión para guitarra, aprovechando que este aparato, en sus componentes, tiene un preamplificador y piezas que podía conectar con ese fin. En cuestión de días, un amigo suyo de Cali, y uno de Armenia, muy in-

Figura 49. Jorge Castillo. Fuente: archivo personal.

quietos, le estaba pidiendo una distorsión con sus propios walk-man. Actualmente, tiene un laboratorio con el nombre *Noise* y se dedica a todo lo relacionado con la síntesis sonora, fabricación de sintetizadores análogos modulares, restauración y reparación de instrumentos electrónicos musicales. Produce y compone música electrónica y vive fascinado con la idea de transformar el voltaje y cortos en sonidos. Estudió música y, también, trabajó como electrónico en una empresa donde su principal objetivo era la red de televisión y antenas satelitales.

-¿Quién eres?

Soy Músico, Electrónico, vivo fascinado por el ruido sonoro como arte musical. La manipulación del voltaje es mi diario vivir, mi enfoque principal como músico es la síntesis sonora y como electrónico es fabricar sintetizadores modulares analógicos y la restauración y reparación de instrumentos electrónicos musicales. Aclaro que, mi trabajo no tiene mucho que ver con el de los Dj. Pocas veces hago música con una computadora. Algunos Dj colombianos, por ejemplo, suelen aprender a secuenciar, mezclar, usar los tornamesas etc. Un juego de cortar y pegar con canciones ya hechas. En esta música se usa mucho la computadora. Lo que muchas veces se conoce como este tipo de música en realidad es música programable, no electrónica. Es música que recrea sonidos a través de software y códigos binarios. Útil para lo comercial, un producto del mercadeo. Lo que yo trato es de crear un discurso musical a través del trabajo de la música electrónica, que es la que se hace a través de la manipulación del voltaje, es el arte del voltaje. Es hacer cortos y convertirlos en música.

-¿Qué piensas sobre el orden y el caos en la música?

Para mí, el caos no es desorden, sino un orden generado por algo que no comprendemos. No me parece correcto pensar que la música es solamente producto del ordenamiento sistemático. Esa manera de pensar es muy occidental. Yo pienso que, en mi trabajo, hay tanto complejidad como caos. Las manifestaciones musicales, provienen del pensamiento y se requiere de un concepto y de unos procesos muy complejos. Existen músicas, en otras culturas, que tienen comportamientos muy diferentes al ordenamiento occidental. Por ejemplo, el canto armónico de los monjes tibetanos, los ragas o muchas otras manifestaciones en la que el ordenamiento no es una prioridad como la música electrónica a través de la síntesis sonora. El temperamento, por ejemplo, establece sonidos dentro de parámetros. Los pitagóricos determinaron un orden y sobre ese orden realizan múltiples formas a través de diversos sistemas musicales en busca de una expresión sonora. El temperamento surgió para organizar y uno de los ejemplos más extraordinarios es Bach, en el clavecín bien temperado, donde hace uso del temperamento en niveles rara vez superables por otros músicos. Pero, el temperamento es, finalmente, lo establecido por determinado grupo. Cuando se escucha algo que está fuera de esa configuración, lo rechazamos. Lo peor, es que estamos acostumbrados a eso, el gran porcentaje de las músicas que escuchamos, están temperadas es decir dentro de esos límites. Por ejemplo, un niño cantando "los pollitos", puede sentir que canta perfectamente, pero puede suceder, que al cantar acompañado por un piano, esté muy desafinado en los términos de la afinación occidental. También, puede suceder que el instrumento sea el que esté desafinado. El piano lo desafinaron para llegar al temperamento. Joseph Goebbels, ministro de propaganda nazi, se fijó en este comportamiento y decreto que todas las orquestas deberían adoptar el 440 para generar en las personas ese tipo de vibración, recordemos que nosotros somos un 70% agua. Si como creadores artísticos nos salimos de allí con la intención crear conceptos nuevos, seguramente, muchos lo van a rechazar, pero otros, más curiosos, lo van a aceptar. Eso tiene que ver con salir de la zona de confort. Los terrenos del caos, tienen que ver con los cambios y pienso, que es mejor atreverse.

En música hay que saber en qué contexto nos estamos moviendo: pop, jazz, rock son contextos. El problema se puede presentar cuando dentro de determinado contexto entran nuevas concepciones. Cuando la música electrónica estaba siendo descubierta, los músicos del contexto académico se mostraban muy resistentes ante ella. Para ellos, el concepto de ruido no podía caber dentro de la música erudita, puesto que la forma de onda del ruido no es uniforme y ellos siempre están pendientes de una afinación estándar. En el contexto académico y muchas músicas populares, se busca la afinación perfecta sabiendo que ésta no existe. En la música electrónica puede incidir más lo geométrico y no lo matemático del estilo de Bach, nos da posibilidades de espectro sonoro y de una escucha muchísimo más amplia.

En la música electrónica sí existe el comportamiento del caos, y estamos hablando del Sample and Hold[41], donde toda señal que se conecta, es recibida, pero luego direccionada a lu-

---

[41] Sample and Hold En electrónica, un circuito de muestreo y retención es un dispositivo analógico que muestrea el voltaje de una señal analógica que varía continuamente y mantiene su valor en un nivel constante durante un período mínimo de tiempo específico.

gares absolutamente aleatorios, su comportamiento se puede relacionar con la física cuántica. Cuando yo mando un pulso electrónico de voltaje, es una frecuencia y el Sample and hold reacciona de una forma cuyos resultados son completamente impredecibles. Nunca se sabe su estado, cuándo recibe la señal, ni tampoco, hacia dónde la va a direccionar. Lo que se genera por la inestabilidad de la entrada de energía que permite el sistema. Lo único qué se puede manipular, es la velocidad en la que ocurren esos sucesos aleatorios.

Un ejemplo del uso de este componente, está en la canción Touch de Daft Punk de su álbum Random Access Memories de 2014. Empieza, justamente, con un sample and Hold. La aleatoriedad de los sonidos genera todo un entorno, donde no es que se entienda muy bien que está pasando, pero, en la generalidad suena fantástico. Eso me recuerda cuando en mi recital de grado alguien me dijo: "No entendí nada, pero estuvo fantástico, me sentí en una nave espacial".

Aclaremos que Frecuencia está relacionada con Herzios y la textura con la forma de onda. Por ejemplo, el noise, que puede ser ruido blanco o ruido rosa, por ejemplo, no podemos encontrar el punto exacto de lo que está sonando, porque son múltiples formas de ondas chocando unas contra otras. Yo lo puedo manipular, aplicándole síntesis y convirtiéndolo en señales de onda senoidal o dientes de sierra, pero no tengo idea de cuándo va a sonar la nota. Es un *ping pong* que rebota pero nunca puedo saber cuándo.

Cuando se descubre noise por los años 50, y comienzan a utilizar las cajas de ritmos, los estudiosos encontraron que les podía servir para crear timbres sonoros que no tienen un orden, como por ejemplo un platillo, que no tiene que una forma de onda definida, sino muchas formas que chocan entre sí. En el noise, no hay nada homogéneo ni dos sucesos que se repitan igualmente. Es, literalmente, un caos, porque uno puede lograr controlarlo hasta cierto punto, aunque jamás descifrar qué es lo que ocurre en su comportamiento. El noise no tiene explicación, simplemente es un ruido similar a los puntitos junto con el Ruido Blanco que se mueven en los televisores antiguos cuando no les llega una señal de televisión. Esa, es la materia prima de mi música. Puedo manipularla y crear sonidos de agua, de lluvia, de viento. Cuando hago la ecuación, puedo determinar unos cortes de frecuencia en determinados momentos y el LFO, va a actuar como oscilador de baja frecuencia y me va a generar el imaginario, no completamente exacto, pero sí muy cercano. Lo que hago, es como generar un holograma, porque, además, esas cosas en la realidad son cambiantes y nunca el sonido de hoy del mar va a ser igual al de mañana. En la Síntesis Sonora, una pieza, nunca va a ser ejecutada igualmente dos veces. El músico puede utilizar los mismos elementos, tener un plan predeterminado, mover los potenciometros de manera similar y nunca va a ser igual. Algunas personas que escuchan mi música, piensan que yo parto de imaginarios espaciales o interplanetarios y yo, lo que hago, en realidad, es mirar el osciloscopio. Hollywood nos ha configurado la escucha con efectos de sonido asociados a imágenes que, muchas veces, en realidad no suenan. En el espacio una estrella se mueve y no suena.

-¿Cuáles son los referentes que utiliza en su trabajo compositivo?

Para mi es más importante el sonido y el resultado, que la máquina con que se esté produciendo. En determinado momento, puede ser el resultado de procesos digitales, o de procesos análogos. Es una orquestación donde yo decido que colocar. Me gusta usar máquinas análogas que salieron hace más de 30 años y que ya no se fabrican, por su alto costo de ingeniería, pero, perfectamente, puedo utilizar una librería gratis de sonidos descargada de internet. Cómo yo utilice esos elementos, es lo que determina mi creación artística. No hay sonidos buenos o malos. Por ejemplo, yo puedo construir un timbre sonoro partiendo del teorema de Fourier, sumando ondas simples senoidales con las que se crea una forma de onda nueva, lo que conocemos como síntesis aditiva. Eso es crear complejidad a partir de algo simple como una onda senoidal, es decir un tono puro y crudo. Esa sumatoria de cambios de frecuencias, y cambios de amplitud, me ayudan a recrear un timbre existente o, a construir algo que solamente está en mi cabeza. Es muy interesante poder mostrar un sonido que solamente existía en mi mente. En algunos tipos de música, yo puedo asociar un acorde o una determinada melodía a ciertas imágenes o referentes. En la síntesis, muchas veces, es un misterio lo que pueda resultar sonando, así que no puedo plantear ese tipo de asociaciones. Lo realmente fascinante de la música de síntesis, es que, perfectamente, puede generar imaginarios en quienes la escuchan, y en cada caso, pueden ser completamente diferentes. Los hologramas, que puedo generar, puede que yo no los identifique, pero cada persona hará sus propias asociaciones. Si yo pienso en un río, es en los ríos del Quindío, que están llenos de vida pero la imagen será muy diferente a la de quien viva en Bogotá, cuyo Río está más cerca de la putrefacción y la muerte. En la síntesis musical, puedo manipular sonidos o, inclusive, permitir que se salgan de control. Como tirarme en un kayak y atravesar los rápidos de un río turbulento.

-¿Podemos ver los comportamientos sonoros de los sonidos que maneja?

Claro que sí, con los generadores de espectro, los osciloscopios o con la cimática, que se trata de un proceso complejo que estudia el comportamiento de las ondas estacionarias sobre una placa o diferentes materiales: analiza cuando se presenta la cancelación de una onda por otra onda, obteniendo como resultado 0. Cuando uno está mirando la placa, puede ver que se forman figuras simétricas porque la arena se desplaza hacia donde no está vibrando la placa, mientras que los espacios que quedan sin granos de arena son, justamente, las zonas en las que la placa está vibrando. La cimática me está mostrando dónde hay homogeneidad y dónde no puedo reemplazar nada. La cimática es un instrumento para entender los comportamientos de las ondas. Lo que pasa en la placa cimática está pasando en nuestro cuerpo. Para mí, los hologramas de los que hablaba, esas imágenes visuales y sensoriales que las personas pueden generar con música Síntesis, son justamente el resultado artístico que deseó generar con el sonido. Hacer un concierto es transmitir algo. Hay gente que me ha dicho que siente frío y otras sensaciones escuchando mi música. Me encanta cuando el cerebro segrega dopamina, adrenalina y todas esas sustancias como resultado de las vibraciones que percibe, eso para mí es arte. En mi concierto de graduación quería que la gente escuchara un instrumento occidental como la guitarra, pero que el resultado sonoro fuera lo más alejado posible del sonido propio de la guitarra. Quería que la gente dijera: No entendí pero me encantó. Yo pretendía romper el esquema tradicional en el que el guitarrista suele ser parte de un grupo musical tocando armonías y eventuales solos. Mi objetivo era que la guitarra fuera el instrumento central, pero que no sonará a guitarra. Entonces pasé la guitarra eléctrica por una serie de procesos que se facilitaban justamente por ser eléctrica.

-¿Qué pretende alcanzar con su música y su trabajo?

En mi trabajo yo construyo sintetizadores modulares por la necesidad de dar a conocer estos procesos. Por ejemplo, hay un sintetizador que funciona con códigos de frecuencia de luz: cuando capta un color puede convertirlo en un sonido. Si el color tiene una frecuencia puede convertirse en un sonido. Con este proceso se le puede sacar el sonido a un cuadro. Ciencia y arte se complementan. Lo que hay que hacer es motivar, formar e informar para que la gente se dé cuenta de la cantidad de posibilidades. Obviamente habrá un punto en el que en estos experimentos se escuche puro ruido, caos sonoro, pero vale la pena invitar a hacer estas búsquedas, no con el afán de la demostración científica rigurosa sino para disfrutar el proceso que vincula el arte y la ciencia entre sí. Quiero recuperar el estado del arte de la música electrónica para poder continuar con su historia, con su discurso. Actualmente tenemos una gran tecnología musical, pero ya se ha abandonado la música electrónica. Yo espero que se ponga en evidencia todo lo que sucedió y llegar a este momento tecnológico para que siga avanzando y construyendo nuevos discursos. La manipulación del voltaje es mi diario vivir.

Figura 50. Rodolfo Acosta. Fuente: Universidad de Los Andes.

RODOLFO ACOSTA RESTREPO

Un compositor complejo

Rodolfo Acosta Restrepo nació en Bogotá, Colombia, en 1970. Cursó estudios en la Universidad de los Andes y, también, en Uruguay, Francia, Estados Unidos de América, México y Países Bajos. Pasó por renombradas instituciones, tales como el Instituto Internacional de Música Electroacústica de Bourges (IMEB), Fondation Royaumont y Berklee College of Music. Dentro de sus mentores se cuentan grandes músicos y compositores como Coriún Aharonián, Graciela Paraskevaídis, Klaus Huber, Roger Cochini y Brian Ferneyhough, entre otros. Es, sin lugar a dudas, uno de los compositores colombianos con más producciones, publicaciones, escritos y participaciones que ha habido. Su obra es muy amplia y sus trabajos han sido merecedores de distinciones nacionales e internacionales. La enorme cantidad de piezas creadas demuestran una creatividad asombrosa donde ha hecho uso de todos los recursos imaginables, pasando desde formatos instrumentales, hasta la cinta e instalaciones híbridas entre lo musical y las artes visuales. Su trabajo no se puede describir en una sola palabra pues ha sido docente, intérprete, conferencista, gestor e improvisador, y sus búsquedas lo han llevado por ramificaciones insospechadas, tanto que su obra se ha expuesto en una treintena de países de América, Asia y Europa. También ha sido jurado de diversos concursos nacionales e internacionales de composición, creación interdisciplinar e interpretación, y tiene numerosos artículos y escritos relacionados con múltiples campos del conocimiento y la música. Actualmente, se desempeña como profesor de la Facultad de Artes ASAB de la Universidad Distrital Francisco José de Caldas y de la Universidad Central en Bogotá (CCMC, 2011).

Sentados disfrutando de una rica taza de café, Rodolfo, amablemente –y demostrando una desarrolladísima habilidad de escucha– me atendió durante largo tiempo mientras yo hablaba sobre la temática del libro y las motivaciones y expectativas. Luego de eso, simplemente, le dije que se presentara y que hablara sin obstáculos sobre sus opiniones al respecto del tema en mención, su historia personal y su música.

–¿Quién es Rodolfo Acosta?

Mi hoja de vida ya, más o menos, la conoces, así que comenzaré destacando tres grandes referentes para mi trabajo y mi vida: el primero es mi viejo (papá), la persona que más admiro; un hombre maravilloso y muy buen bailarín de músicas afrocaribeñas como salsa, porro y géneros por el estilo. El segundo es Leonardo Venegas, un matemático que fue profesor mío en la Universidad de los Andes. Por último, Coriún Aharonián[42], mi principal maestro de composición y entrañable amigo, con quien estudié en Montevideo.

En cuanto a mi historia personal con la música, sé que me gustaba desde que tengo memoria, pero mi formación musical académica comenzó un poco tarde, bordeando los 19 años. Si hablamos de la escucha, de bailar y cantar, la música me encantó desde muy niño, influenciado, enormemente, por mi padre. En la adolescencia, me atrajo mucho el rock, en especial el metal, el hardcore, el punk; pero también escuché new wave, pop, blues, jazz y muchas otras cosas.

---

[42]   Coriún Aharonián es un compositor, profesor y musicólogo uruguayo, autor de obras de cámara, orquestales y piezas de música electroacústica, así como también de artículos, ensayos y libros.

La verdad es que mi gran pasión por la música tiene que ver con el descubrimiento de la banda KISS[43] cuando tenía siete años, aquí en Bogotá; recuerdo que en la portada del disco "ALIVE II", Gene Simmons, el bajista, estaba cubierto de sangre. Eso llamó mucho mi atención y, como tantos, comencé a generar hacia la banda una admiración obsesiva. Sus integrantes no me parecían personas de carne y hueso, sino otra cosa, como caricaturas o extraterrestres, y por eso no se me ocurrió ser músico. Mi afición por la música de KISS eventualmente me llevó a escuchar otras bandas como, por ejemplo, Iron Maiden[44], que además de ser absolutamente brillantes, fueron los que expandieron mi apreciación del mundo en muchos sentidos. Temas históricos o literarios eran frecuentes en sus letras y eso despertó mi interés, me motivó a leer y buscar información de muchos campos del conocimiento.

Muchos años después, en 1986, estaba terminando el 9º grado de secundaria en Honduras y vi a unos compañeros del colegio tocar unas canciones de Iron Maiden y AC/DC. A raíz de eso finalmente pensé que la música sí era algo que una persona común y corriente, como yo, podría hacer, y supe que me quería dedicar a la ella. Pese a que nadie a mí alrededor o en mi familia hacía música, desde entonces, no dudé acerca de seguir por este camino.

Después de Honduras viví en Haití, y allá mi gusto por el rock me condujo a explorar la guitarra eléctrica. Un compañero del colegio me dio un puñado de clases, creo que por el segundo semestre de 1986; después de eso pedí por correo un método para aprender por mi cuenta. Canciones como las de Scorpions y Metallica eran recurrentes en el proceso de estudio y tuve la

---

[43] KISS es una banda estadounidense de rock formada en Nueva York en enero de 1973 por el bajista Gene Simmons y el guitarrista Paul Stanley, a los que más tarde se unirían el baterista Peter Criss y el guitarrista Ace Frehley.

[44] Iron Maiden es una banda británica de heavy metal fundada en 1975 por el bajista Steve Harris. Es considerada una de las bandas de heavy metal más importantes de todos los tiempos.

intención de formar una banda, pero, infortunadamente, en Haití en realidad no había metaleros. La única persona que conocí, que tocara algo similar, era un amigo cristiano que tenía un bajo eléctrico, pero sus padres, debido a sus creencias, no le permitían tocar aquella música por considerarla satánica.

Al no tener un maestro presencial me fui por caminos muy diferentes a la forma en que, comúnmente, se aprende. Yo era mi propio tutor y, como sentía que era casi lo único que me interesaba hacer, practicaba todo el tiempo. Sin embargo, al no tener banda para que las canciones que sacaba sonaran como deberían, empecé a cansarme de eso y comencé a improvisar, incluso sin entender cómo se hacía. En ese recorrido, terminé tropezándome con aspectos de la música que luego me daría cuenta, eran de tendencia experimental, sobre todo algo que se convertiría en parte fundamental de mi música: la improvisación libre.

Después del colegio, al escoger universidad, tuve que afrontar cuestiones difíciles respecto a mi tardía iniciación musical; por ejemplo, en el Conservatorio de la Universidad Nacional, los niños estudiaban, tocaban y leían música desde como los seis años. Además, el programa de composición, que era lo que me interesaba, ¡duraba 16 años! En esas condiciones, esa universidad no era una posibilidad para mí. Continué buscando y encontré que la Universidad de los Andes daba la oportunidad a personas como yo; apasionados por la música que simplemente llegamos tarde a la academia. Me presenté, pasé, ingresé y allá fue que me enamoré de la música contemporánea.

-¿Cómo pasó de escuchar rock a música contemporánea?

Recuerdo una de las bandas más representativas del glam: White Lion[45]: Vito Bratta, su espectacular guitarrista, incorpo-

---

[45] White Lion fue un grupo danés y estadounidense de glam metal formado en Nueva York, perteneciente a la corriente de bandas más melódicas de dicho subgénero. Su guitarrista y compositor principal fue Vito Bratta.

raba elementos como el ruido en algunos de sus solos. Ese uso del ruido o del atonalismo en algunos casos del rock llamaron fuertemente mi atención y son lo que hizo que cuando conocí la música académica del siglo XX sintiera que *llegaba a casa*; encontrar que esos momenticos mágicos que a veces aparecían en el rock se expandían a una práctica musical entera. Eso me fascinó y sentía una especie de *encantamiento* con los mundos sonoros que eran cultivados con esas nociones caóticas, turbulentas y ruidosas. Desde entonces comencé a escuchar músicas en las que percibía todos esos instantes de experimentación sonora y rompimientos de los patrones usuales.

¿Qué referentes recomendaría aparte de los ya mencionados?

La agrupación Einstürzende Neubauten[46] también usaba sonoridades ruidosas y nada convencionales. En términos de experimentación sonora, eran unos clarividentes, y yo sentía como que *explotaba* mi cerebro al escucharlos. También escuché mucho Black Flag[47], cuyo guitarrista, Greg Ginn, ejecutaba solos en un lenguaje que, en ese momento, me parecía rarísimo... me daba la sensación de que la música de repente empezaba a flotar. Hoy entiendo que esa sensación se debía a que los solos eran atonales. Si esas músicas sonaban tan diferente, pero funcionaban, tenía que haber estructuras, formas y elementos diferentes que las sostenían. A partir de esos cuestionamientos, comencé a estudiar en profundidad el tema.

-¿Qué opina del gusto, es una configuración?

-Ya en la universidad, a través de las clases de historia de la música, tuve el encuentro formal con la música contemporánea.

---

[46] Banda musical originada en Berlín que no ha dejado de cambiar desde su comienzo en 1980. Su música se clasifica usualmente como industrial o electrónica, pero estos términos no pueden describir el sonido de la banda.

[47] Black Flag fue una banda de hardcore punk, originaria de California, fundada en 1976 por Greg Ginn, guitarrista y compositor principal.

Justamente, esos instantes *extraños* que mencionaba, fueron la razón de mi *fascinación* con esta música, porque señalaban situaciones desconocidas e impredecibles, como basadas en otras lógicas o en otros ordenamientos. No es que hubiera abandonado por completo mi forma antigua de escuchar: sigo disfrutando las músicas de mi infancia y adolescencia. Pero hay que tener en cuenta que el gusto se basa en la costumbre y esto se refuerza con modelos, con fórmulas. El gusto delata un placer para el que uno ha sido entrenado, un placer a veces incluso banal; pero la sensación que se produjo en mí, con esos nuevos lenguajes, iba mucho más allá del solo gusto. La música comenzaba a parecer otra cosa: un campo del conocimiento con posibilidades infinitas. Esta música, en particular, no parecía estar atada a lo figurativo o lo descriptivo, ni a la idea de comunicación en el sentido literal o a nociones tradicionales de lo 'bonito'... ¡y eso me resultaba emocionante! Desafortunadamente, la mayoría de la gente no parece querer aprender de la música en ese sentido; parecen conformarse con la parte superficialmente emocional. Es como si fuese suficiente el pensar en términos del gusto o creer que 'entender' es oír alguna narración, algún cuentico que se representa en una música.

–¿Qué piensa del caos, el orden y la complejidad?

Al explorar el mundo de las músicas contemporáneas, me di cuenta de que no era tan fácil comprender lo que hacían los compositores. Había muchos elementos y procesos ocurriendo simultáneamente, aparentemente desorganizados o aleatorios, pero tal vez sin serlo. Se me viene a la cabeza la palabra *caos*, pero no en una acepción cotidiana e incluso peyorativa... sino otra más profunda, más relacionada con la idea de un orden complejo, no un simple desorden. La definición tradicional de caos dista mucho de esta acepción. Hablar de caos en este sentido va mucho más allá de hablar acerca de una confusión sin sentido. En realidad, es lo opuesto a eso; es la interacción de muchas capas de ordenamientos que se entretejen. Es como el comportamiento de un enjambre: cada insecto tiene sus propios comportamientos individuales, enmarcados en el ordenamiento de sus tareas específicas. Esas tareas, sin embargo, ocurren dentro de un orden mayor, en el cual innumerables ordenamientos coexisten. Así, se manifiesta un orden increíblemente complejo, casi siempre incomprensible por la superposición de capas, procesos y probabilidades, pero es ese gran mecanismo el que sostiene a la comunidad y le permite prosperar.

Gracias a Edward Lorenz, desde la década de 1960 se comenzaron a identificar fenómenos de este tipo, sobre todo en meteorología, pero el caos se halla en todas partes: en nosotros mismos, en la química, en la física... ¡en la vida! En el caso de tus experimentos (dirigiéndose hacia mí) con los bucles del delay, el caos se evidencia si intentamos grabar dos veces el mismo proceso: van a ser dos resultados muy diferentes a pesar de tratar de controlar todos los elementos. Estos fenómenos caóticos son comportamientos cuyas ecuaciones, si se quiere, no son lineales, sino que son afectadas por innumerables variables. Presentan una especie de *metaprobabilística* en la cual hay una cierta causalidad –la sensibilidad a condiciones iniciales, por ejemplo– pero no por ello es fácil o siquiera posible predecir resultados futuros, como ocurre en los estudios de turbulencia.

Todo esto significó una especie de revolución para las ciencias, pero cuando pensamos esta historia en relación con la música, encontramos que cuando Lorenz presentaba sus planteamientos, Iannis Xenakis[48] ya llevaba años haciendo música con lógicas complejas que involucraban probabilidades superpuestas. Él creaba herramientas para componer, que le permitían ejercer un control estadístico sobre sus materiales, aunque los

---

[48] Iannis Xenakis fue un compositor e ingeniero civil de ascendencia griega nacido el 29 de mayo de 1922 en Brăila, Rumania; se nacionalizó francés y pasó gran parte de su vida en París.

eventos individuales parezcan libres o incluso tener comportamientos aparentemente desorganizados e impredecibles. Por eso, cuando uno escucha mucha de su música, uno no se fija en el comportamiento de uno solo de los sonidos, sino que contempla la masa resultante de todos ellos sumados.

Respecto al orden, hay crecimientos sencillamente ordenados en la naturaleza, por ejemplo, la simetría reflexiva de nuestro cuerpo: tenemos dos orejas, dos brazos, dos fosas nasales, etc. Esas partes, ciertamente están ubicadas en una relación, más o menos, de simetría reflexiva, pero eso nunca dependió de nosotros, de una toma de decisión consciente, sino de innumerables factores biológicos y evolutivos. La creación musical, por el contrario, implica un acto controlador; el compositor dispone de y usa sus elementos en diversas formas y con diversos procedimientos. Todo esto tiene que ver con establecer un orden, el cual puede ser sencillo, como la simetría reflexiva, pero no necesariamente tiene que serlo. Otro compositor, Per Nørgård, ya desde los '60 hacía experimentos que se pueden asociar con fenómenos fractales, presentando secuencias aparentemente repetitivas de sonidos, pero sutilmente cambiantes. Estas series infinitas mutaban gradualmente, creando algo así como una secuencia interválica irregularmente auto-similar.

Así, su música a veces exhibe otro tipo de orden simétrico, pero más complejo: la simetría escalar, como en el conjunto de Mandelbrot. Sin embargo, es interesante ver que comportamientos parecidos se presentan en los *organa* de Perotin, de la Escuela de Notre Dame en el siglo XII, donde la voz tenor exhibe simetría escalar en relación al melisma original que ha 'estirado', o en la técnica de aumentación en la escritura contrapuntística imitativa del siglo XVIII. Es decir, la simetría escalar era un tema resuelto en música desde el medioevo y nunca fue olvidado, mientras que, en matemática pura, parece surgir como tema importante en la geometría fractal del último cuarto del siglo XX.

Sea como sea, la composición musical se trata, sobre todo, de establecer alguna relación dialéctica entre diversos elementos: estructura, forma, materiales, herramientas y contenidos. La relación específica que uno escoja para cada composición define un orden dentro del proceso creativo y en su resultado: la obra. En diferentes épocas y lugares se establecieron diversas convenciones de qué significa orden, y cuando uno compone, puede decidir acercarse más a modelos preestablecidos o alejarse de ellos. En el caso de compositores como yo, en los años '90 *se puso de moda* el que comenzáramos a implementar en las obras elementos y metáforas relacionadas con el caos de manera consciente. Se hablaba de geometría fractal, de turbulencias y todo lo relacionado con el caos, y lo que se esperaba era que todos los elementos estuviesen absolutamente determinados para controlar esa complejidad. En mi caso particular, fui descubriendo que también se podían lograr cosas valiosas y complejamente ordenadas a través del indeterminismo y otras estrategias de experimentación. Esto se da, precisamente, porque lo más interesante en esas estéticas puede ser aquello que uno no alcanza a prever.

Ahora, hay que tener en cuenta que el determinismo y el indeterminismo siempre están presentes; son polos conceptuales complementarios que existen en cualquier proceso compositivo. Uno puede escoger acercarse más a un polo o al otro en una pieza dada, pero siempre se convive con ambos en una tensión dialéctica apasionante. Eso sí, cuando compongo una pieza de intención determinística, sin duda puede —y debe— ser juzgada con las reglas y valores del ordenamiento determinístico. Si la pieza es de intención indeterminística, obviamente debe ocurrir lo contrario.

La obra de Rodolfo Acosta R.

Como dijimos, su producción es muy amplia y variada, pero frecuentemente utiliza elementos que se pueden asociar con lo caótico y lo complejo, con la improvisación experimental, mixturas con elementos electroacústicos y digitales o con clusters que generan masas sonoras muy ricas y expresivas. A continuación, se listan algunos vínculos donde se puede conocer algo de su trabajo:

Youtube. Canal del compositor [https://www.youtube.com/playlist?list=PLR7zMuYZjs24zEY3EOG4qc9V2WgbTVYuc] [https://www.youtube.com/channel/UClvCfGoeBvwvUnDnGnd1eGA].
Sound Cloud. Canal del compositor [https://soundcloud.com/rodolfoacosta].

BanRep cultural (2019). Música en la Sala. Concierto, la música de Rodolfo Acosta [https://www.youtube.com/watch?v=enBf4ScsTcc].
BanRep cultural (2019). Entrevista abierta. Un encuentro con Rodolfo Acosta, compositor colombiano [https://www.youtube.com/watch?v=jCi8XWgk3v4].
CCMC (s.f.). Perfil del compositor. Círculo Colombiano de Música Contemporánea [https://ccmc.com.co/user/rarccmc1/].

Una mirada del caos desde la filosofía moderna

Yeison es licenciado en filosofía y educación religiosa y magíster en educación. Es uno de los docentes con los que cualquier estudiante se siente feliz en tanto que aprende y se interesa por la clase. Tuve la suerte de ser su compañero de trabajo y de ver con mis propios ojos cómo, después de sus clases, los estudiantes continuaban preguntándole sobre los temas tratados. De personalidad más bien reservada, pero siempre jovial, además, es muy consagrado en lo que hace. Su redacción es impecable y de hecho me ayudó con la corrección de estilo de mi tesis de maestría. Hablamos de orden y de caos, esto fue lo que planteó:

-¿Quién es Yeison Germán Méndez?

Soy un hombre que tiene la fortuna de trabajar y vivir de lo que ama: la educación y la filosofía. Actualmente enseño filosofía en secundaria y epistemología e investigación en la universidad. Tuve formación en el seminario durante 6 años, me apasiona la historia y soy lo que hoy día se conoce como un *nativo digital*. Me apasionan los videojuegos, el dibujo manga, el anime, la literatura. Esos gustos particulares me facilitan la comunicación con mis estudiantes. Trato de estar actualizado en los temas de tecnología y en los temas que le interesan a la juventud. Intento siempre estar en el mundo que ellos habitan para comprenderlo mejor.

Figura 51. Yeison Mendez. Fuente: archivo personal.

-¿*Cómo define desde su saber el caos, el orden y la complejidad?*

Confieso que esos temas son, relativamente, nuevos para mí, puesto que en mi formación académica disciplinar y del seminario estudié la filosofía de corte clásico, es decir los estudios, las propuestas, las discusiones y los desarrollos teóricos establecidos por los grandes personajes de la filosofía. Las temáticas relacionadas con el caos y con su concepción cotidiana de desorden no eran muy tenidas en cuenta. Me familiaricé más en términos del orden.

Por ello, comenzaré por hablar de un término griego que creo que se relaciona mucho y que tiene muchísimas acepciones: *logos,* que se refiere, precisamente, a la organización de las cosas, como la ciencia, la ley, el conocimiento etc. Los griegos establecieron principios de ordenamiento: la música, la filosofía y las artes son formas de organización, pero también organizaron lo que se debía transmitir y la manera y cómo se debería hacer. Aristóteles, por ejemplo, hablaba del ser y el devenir, o sea, lo que existe y la manera de cómo se desarrolla dentro de unas normas lógicas. Una muestra de ello podría ser el ciclo vital de la semilla que se convierte en planta, luego en árbol y finalmente da frutos; proceso que terminará dando nuevas semillas. Dentro de la hermenéutica bíblica, también se habla en un sentido muy similar: cuando San Juan, en el Nuevo Testamento, hace la presentación de Jesús lo llama *logos*. Esa presentación vendría a ser como un *nuevo Génesis* y Jesús el nuevo ordenamiento. En el Génesis el caos se refiere a la ausencia de Dios, o ausencia de orden. Los judíos estaban acostumbrados a llamar al enviado de Dios como El Mesías, El Salvador y otros términos de su propia lengua. Los judíos no eliminan el caos y la relación que tiene con Dios. Para ellos en el principio estaba el caos y sobre el caos estaba Dios.

Respecto al orden, el caos y la complejidad, sabemos que, por lo general, el hombre le teme a lo desconocido y, por eso, siempre tiene el afán de organizar todo lo caótico del mundo que habita. Los presocráticos trataban de organizar el mundo y definir cuáles son los principios que lo constituyen (*arjé*). Luego, Sócrates, trataría de entender al hombre, su origen, su misión, etc., se creía que al comprender al mundo y al hombre, de alguna manera, sería más fácil controlarlos. Si se puede normativizar y ordenar algo, se puede controlar.

Los griegos, por otro lado, abordan la dualidad: el orden y el caos. Sus dioses son manifestaciones de esas características en lo humano. Apolo, por ejemplo, es el dios ideal de la belleza, las artes, la sabiduría, la gimnasia; Dionisio, por otro lado, es un gordo bonachón y desordenado al que le gusta el vino y la lujuria. Los griegos tenían en cuenta la existencia de esa dualidad sin determinar que uno era malo y el otro era bueno.

Occidente, por su parte, decidió inclinarse por todo lo apolíneo. Actualmente, se rinde culto a la figura esbelta, al ejercicio y, al obeso, se le suele discriminar. Se busca la perfección apolínea pasando por alto que también somos dionisiacos. En lo religioso, la diferenciación es mucho más radical. El hombre bueno va al cielo y el hombre malo va al infierno. Para Nietzsche la perfección está en saber disfrutar dicha dualidad.

La filosofía moderna opta por el ordenamiento en un intento de organizar el conocimiento. Recordemos la pugna que hubo entre racionalismo y empirismo, en la que se trataba de determinar el grado de verdad de un postulado. Lo mismo pasó con los enciclopedistas o la Ilustración. Con Hegel se llegó a un punto en el que casi todo ya se consideraba organizado y estructurado, por ende, normatizado y controlado. De alguna forma, ya no había que temer. Con Marx, Nietzsche y Freud, se generan nuevos constructos que, probablemente, tenían en cuenta el caos. Muchos de los escritos de Nietzsche, de hecho, son aforismos y pensamientos acumulados sin un orden específico y, en sus escritos, al *matar a Dios*, también acaba con la metafísica y los principios eternos.

Con la muerte de Dios también muere la lógica y el ordenamiento. Las ideas de moral, justicia, el bien y el mal, mueren para dar paso al superhombre. Solo queda la voluntad de poder que pueda desarrollar cada uno, esta es la que determina al individuo. El paradigma estaba cambiando y, en el caso de la religión cristiana, si se pensaba en la posibilidad de una vida eterna después de la muerte, eso determinaba la manera de comportarse en esta vida, pero, si esa concepción se destruía, los planteamientos de cómo vivir, también cambiarían sustancialmente.

Más adelante, con los estudios del clima y del efecto mariposa, se pudo concluir que cualquier variación mínima en un sistema puede generar grandes cambios. Bajo esa premisa, el ejemplo de las plantas de Aristóteles no aplica. Dos plantas sembradas en idénticas condiciones pueden desarrollarse de maneras diferentes, igual que un par de gemelos, que, a pesar de ser producto de la división de una misma célula, pueden llegar a tener personalidades completamente distintas, debido a una inmensidad de factores que intervienen en su crianza y contexto.

Gracias al caos, la manera de abordar los temas científicos y filosóficos comenzaba a cambiar, pero la intención era la misma: controlar o, en otras palabras, controlar el caos.Desde la Escuela crítica de Frankfurt sabemos que detrás de cada investigación siempre hay un interés o una intencionalidad de control.

Las artes son hijas de su contexto y su tiempo, van de la mano de los patrones de ordenamiento existentes en cada época. Los árabes jamás pintarían el rostro de dios, pero sí la primera letra de su nombre. Lo caótico ha sido considerado durante mucho tiempo como representación del mal y el pecado. El diablo ha sido una representación del caos, del rompimiento las normas. Pero hoy en día muchos de esos patrones han cambiado.

-¿Qué piensa de las músicas contemporáneas que ya no se ciñen a los patrones convencionales?

En filosofía latinoamericana, actualmente, hay una tendencia que se llama la decolonización del saber, que busca apartarse de los conceptos europeos y crear unos propios. Salirse de un esquema para adentrarse en otro. Yo pienso que el caos deja de ser caos cuando comienza a repetirse de alguna manera. Sí se logra establecer una norma, una regularidad, ya no hay caos. Las músicas experimentales también son organizadas. Para que fueran caóticas, realmente, no tendrían que tener ninguna repetición o ser tocadas tan sólo una vez. Pasar de la música basada en los patrones clásicos a músicas experimentales es exactamente lo mismo. Pueden inspirarse en el caos, pero terminan siguiendo algún tipo de organización. Un ejemplo de ello es la primera obra cubista, que pudo ser caótica, pero cuando se establece una corriente artística llamada cubismo, simplemente se está planteando otro patrón de organización.

No existe un caos absoluto, ni un orden absoluto. Lo que pasa es que hay tonalidades de grises, no blanco y negro. Lo complejo es un entramado de órdenes que no se comprenden de manera lineal. La improvisación libre de muchos instrumentistas es un orden complejo. Aunque los instrumentistas improvisen de manera libre, alguien estableció qué deben improvisar o cómo lo deben hacerlo para que sea entendido como improvisación.

A mi parecer, debe existir el caos y el logos. Siempre va haber algo que se escape a los intentos de organizar. Eso es lo que crea la fascinación por el caos. Nos interesa porque queremos que deje de ser caos, que lo podamos controlar. El problema es que estamos tratando de darle un orden a algo que nunca va a tener orden. Lo que creíamos y entendíamos como verdadero en determinado momento histórico ha venido cambiando. En algún momento la ciencia y religión sostuvieron la concepción de que la tierra era el centro del universo y hoy día sabemos que eso no es así, por ahora. Dice Thomás kuhn[49], podemos encontrar planteamientos que pueden echar abajo lo que pensamos en la actualidad. Los patrones de organización se vuelven obsoletos, el paradigma que sirvió en determinado momento para explicar algo puede llegar a cambiar. Seguramente si pudiéramos escuchar música de la prehistoria hoy nos parecería que no es música. Todo está en constante movimiento y el orden busca la quietud.

Actualmente, si nos damos cuenta, en la mayoría de instituciones educativas se apunta al orden, independientemente de la asignatura o del programa que sea. Se busca la competitividad en cada área, es decir, que se conozcan sus niveles de ordenamiento. Por ejemplo, en la rama de la justicia, si el abogado conoce la norma puede hacer uso de ella en beneficio del caso que está tratando. En el caso de la educación es igual, siempre se habla de una serie de ordenamientos.

---

[49] Thomas Samuel Kuhn (1922-1996) fue un físico, filósofo de la ciencia e historiador estadounidense, conocido por su contribución al cambio de orientación de la filosofía y la sociología científica en la década de 1960.

En cuanto a la creación artística, si bien, es adecuado conocer los patrones previos, no son una condición necesaria para reemplazarlos. Ya no se busca imitar la realidad como lo hacían los pintores clásicos. Las búsquedas cambiaron. Hay nuevas preguntas. Saber dibujar la figura humana ya no es un requisito dentro de los paradigmas actuales. Un objetivo del arte es tratar de traspasar las brechas del orden. Los productos culturales más valiosos han superado las normas, las han traspasado. Lo caótico es diferente y deberíamos como docentes estimular las búsquedas dentro del caos y no simplemente seguir los planteamientos del orden establecido.

Fig. 52. Edgar Leonardo Puentes. Fuente: archivo de Edgar Leonardo Puentes.

Biología, cerebro, música y caos

Licenciado en pedagogía musical, es guitarrista, pianista y compositor. Estudió técnicas avanzadas de grabación e ingeniería de sonido y se dedicó a profundizar sobre programación dedicada a la música electrónica en la época de las máquinas de 8 y 16 bits. (Atari 800 y ST, Commodore 64 y Commodore Amiga). Ha sido director del programa de Conciertos Didácticos, trabajando en experimentación y construcción de proyectos que involucran las relaciones arte y ciencia con expertos de la talla del Dr. Luis Roberto Amador López[50] y el Dr. Rodolfo Llinás.[51] Ha sido catedrático y profesor de varias universidades

---

[50] Dr. Luis Roberto Amador López, médico, neurólogo, Fellowship en Neuroinmunología, investigador y profesor titular de la Universidad Nacional de Colombia. Imparte la Cátedra meritoria Neurociencias en Arte y Cerebro, Grupo de estudio Cerebrarte. Asesor científico en Cerebrarium Maloka Museo interactivo.

[51] Dr. Rodolfo Llinás, médico neurofisiólogo colombiano de reconocida trayectoria en el nivel mundial por sus aportes a la Neurociencia. Doctorado en neurofisiología, profesor de neurociencia en la Escuela de Medicina de la Universidad de Nueva York, director del departamento de Physiology & Neuroscience y desempeña la cátedra «Thomas y Suzanne Murphy» en el centro médico de la Universidad de Nueva York. "University Professor" (le permite dar cursos de nivel universitario, en cualquier área del conocimiento humano) de la Escuela de Medicina de la Universidad de Nueva York. Dirigió el programa de trabajo científico "Neurolab" de la NASA. Tiene aportaciones

como los Andes, la Central, la Pedagógica, la Inca. Ha sido asesor en diversos proyectos en instituciones como Maloka (Cerebrarium) y la Universidad Nacional. Desde 2019 hace parte de la Misión internacional de sabios, un grupo de expertos en diversos campos creado por la presidencia de la república de Colombia para generar aportes en ciencia, artes y tecnología para el país.

Conocí a Edgar Puentes hace varios años y, de inmediato, supe que se trataba de un hombre admirable y de buen corazón. Como músico es un genio y recuerdo haberlo visto tocar la obra *La máquina de escribir* de Leroy Anderson de 1950, una pieza brillante y muy divertida donde una máquina de escribir tiene la parte solista dentro de una orquesta.

Por esa época, yo me encontraba impartiendo mi clase de música en un colegio en donde había chicos muy violentos y, la mayoría, no había tenido ni el menor contacto con la música académica. Casualmente, me enteré de que Edgar trabajaba unos conciertos didácticos para niños de colegios con la Orquesta Filarmónica de Bogotá; se trataba de una experiencia muy entretenida y bonita donde aprendían sobre lo que, popularmente, se conoce como música clásica y sus instrumentos, así que me puse en contacto con él. Edgar, además de recibirme muy amablemente, me obsequio entradas para llevar a mis estudiantes a vivir la experiencia de los conciertos. Desde entonces hemos seguido en contacto.

A continuación se mostrará una exposición de su pensamiento, narrado por él mismo, sobre diversos temas relacionados con la música, la ciencia, su experiencia de vida y sus logros.

---

sobre la fisiología comparada del cerebelo, las propiedades electrofisiológicas intrínsecas de las neuronas con la enunciación de la hoy conocida como «Ley de Llinás», y sobre la relación entre la actividad cerebral, las ondas cerebrales y la conciencia.

-¿Quién es Edgar Leonardo Puentes?

Un hombre curioso, las definiciones del *ser* tienen por lo general como referencia: ¿Qué estudiaste, o cuál es tu campo de formación profesional? ¿Cómo definir a un ser humano? ¿Por qué olvidar, sus sueños, metas anhelos, pasiones? La pregunta es un poco amplia pero voy a intentar responderte refiriéndome a lo académico y a lo que hago: aparte de la formación que ya conoces, hice una certificación en Coaching y una maestría en Coaching organizacional; es un campo del conocimiento que me encanta, ya que tiene que ver con el ser, con la búsqueda interior, con el sentido de la vida. Trabajo en programas de formación con la Orquesta filarmónica de Bogotá y con proyectos relacionados con ciencia y tecnología. También me gusta volar, corro autos de carreras antiguos de vez en cuando, me encantan los aviones y el mundo de la aviación, disfrutar la vida y la naturaleza. Desde que estaba en la universidad he sido un defensor de las posturas abiertas e innovadoras frente al conocimiento, a la diversidad, a su universalidad y a las relaciones estrechas entre el arte y la ciencia.

-De esa época de estudiante de universidad ¿qué recuerdas sobre la dicotomía entre antiguas y nuevas concepciones de la música?

Son muchos recuerdos. Uno de ellos es el de la Maestra Ruth Marulanda, de la Universidad Nacional, de quién tuve la fortuna de ser su alumno. Uno de sus grandes problemas fue enfrentarse al sistema académico, el cual exigía ciertos requisitos dentro del programa de piano como, por ejemplo, la valoración de repertorio... qué es y qué no es aceptable; su fascinación y desco de interpretar música colombiana iba en contra de lo que sus maestros y la universidad consideraba apropiado en el contexto de formación. Afortunadamente, su pasión por la música colombiana perseveró y luego de situaciones complejas, aún de salud como un problema de tendinitis en su mano derecha, logró llevar la técnica de interpretación de nuestra música a un siguiente nivel; las dificultades la convirtieron en un potencial de desarrollo y mejoramiento: pocos tienen un manejo de la mano izquierda como el qué ella tiene al piano. Un buen ejemplo de cómo incorporar el conocimiento técnico, modificarlo y aplicarlo a lo que para ella era válido como expresión musical. Sin duda, ella es una de las mejores intérpretes de música colombiana. Uno de los grandes problemas de la formación musical, es ignorar el lenguaje individual y la capacidad creativa del músico; no todo se trata de interpretar repertorios: la universidad debería enfocarse en desarrollar la exploración y la búsqueda de un lenguaje particular en cada músico. Creo que esa es la razón, por la que muchos músicos de generaciones como la mía abandonaron su instrumento. Ruth, afortunadamente para nuestra música, es una gran sobreviviente.

Respecto a formas diversas de entender el sonido y la construcción musical, la relación del compositor y el creador, uno de mis primeros referentes fue Murray Schafer[52] .Sus libros desde el enfoque hasta el estilo, fueron fuente de una inspiración diversa y diferente a muchos de los autores que en mi tiempo de estudiante prevalecían. El concepto expresado por el con relación a lo que define como el paisaje sonoro y el sonido como un lenguaje particular y único me impactó; me sorprendió mucho que en esa época alguien tuviera una visión diferente del sonido a lo que observaba todo el tiempo en mi entorno como estudiante. Con el tiempo, cuando viajé fuera de Colombia, tuve la fortuna de estudiar y compartir con músicos e ingenieros para quienes la visión del sonido y su relación con los entornos era muy diferente a lo que hasta ahora había experimentado; formarme como Ingeniero me dio una

---

[52] Raymond Murray Schafer: compositor, escritor, educador, pedagogo musical y ambientalista canadiense, reconocido por su «Proyecto del Paisaje Musical del Mundo» y sus preocupaciones por la ecología acústica y por su libro *The Tuning of the World*.

visión completamente diferente de la música y permitió, que explorara la dimensión creativa en múltiples niveles: desde trabajar en programación con los computadores de la época, con los que me inicié en la programación: Apple II, Atari 130 XE, Commodore 64 y su poderoso chip SID, crear con ellos composiciones interactivas y multimediales, en sí, explorar nuevos lenguajes, de los cuales ni yo tenía idea cual sería el resultado. Por otro lado, tocar el piano y la guitarra, con diversas agrupaciones en escenarios públicos, desde música colombiana, música de vanguardia, rock en español; luego dedicarme a la música comercial y al desarrollo de lo que luego sabría era música electrónica y electroacústica. Una época maravillosa de experimentación y descubrimiento.

Recuerdo en Oxford a un compañero, director de orquesta, quién a sus 70 años, había abandonado el mundo de la música sinfónica y los convencionalismos de una sociedad profundamente conservadora como la inglesa: vestía de forma poco convencional y manejaba una deliciosa moto Triumph y quién me decía todo el tiempo: *"rompe con lo convencional, inventa cosas, diviértete, mira siempre más allá"*. Han sido muchas anécdotas y todas ellas me aproximaron a una dimensión de experiencia del conocimiento completamente diferente a lo convencional: haber nacido en una época donde surgía el videojuego como forma de entretenimiento, el desarrollo de nuevas tecnologías y formas de producción, el desarrollo de la tecnología musical, la grabación analógica y los primeros esbozos de la tecnología digital, la demoescene, la música electrocústica, la estocástica, la música por ordenador... el trabajo que por años habían realizado compositores e ingenieros como Max Mathews, Edgar Varesse, Jonh Pierce, Mayuzumi, Babbit, nuevas aproximaciones a diversas áreas del conocimiento y en particular hacia la tecnología fueron inspiración y lo que marcaría en gran parte mi vida profesional.

-Y compositivamente, ¿tú también intentaste integrar esos mundos?

Sí, como te comenté, desde muy joven (1982), aprovechando la aparición de los videojuegos y los computadores empecé a hacer composición trabajando con computadores de 8 bits. La sonoridad de aquellos aparatos me cautivó. Tuve que aprender a transcribir y programar porque cuando apagabas tu computador, se borraba la memoria y al no tener soportes de grabación, perdías toda la información; además, comprar una unidad de disco era muy costoso en esa época. Una época increíble, en la que trabajé con un Atari 130xe, un Commodore 64 y los primeros programas de música y edición; luego aparecería una nueva generación de máquinas que darían inicio a una nueva etapa de la creación digital y en particular, el retornar a un concepto que asocio con el renacimiento: el desarrollo de la máquina creativa. Conocer mi primer Amiga 500 de Commodore, abrió un escenario completamente nuevo a las posibilidades de la creación y la composición. Recuerdo tres programas que me dieron espacio a los inicios de la creación y al concepto cada vez más depurado e interesante de la secuencia, la programación en códigos octales y hexadecimales: Sountracker, Protracker y Sonix. De igual forma, era posible en este momento pensar en la integración del sonido, desde la creación, el diseño, la composición y su integración con la animación y el video. Por otro lado, eran máquinas simples y con grandes posibilidades de ser programas; una época en la que me aficioné por el lenguaje máquina y Assembler. Realmente no veía diferencias entre el lenguaje de programación y las diferentes formas y técnicas de composición.

Fueron lenguajes que aprendí a leer paralelamente al estudio del piano y encontré que eran dos mundos que se podían relacionar, pese a que, en esa época, hacer composiciones con un computador y de una forma tan particular era algo desconocido.

Una de mis primeras composiciones se llamó *el Moai* (1985), inspirada en las estatuas de piedra de la isla de Pascua. Se trata de recrear, una de las historias más conocidas y aceptadas sobre el proceso de transformación de la isla, a través de los que los pobladores llevaron a su deterioro y extinción, en un intento de atraer las lluvias y mejorar las cosechas. La realicé con un Atari 130, en el que a través de programación en basic, traté de recrear esta historia: los Moai apuntando a la salida del sol, y la idea primigenia de su papel como una forma de comunicación con el Dios Sol. Se trataba de un diseño gráfico-sonoro realizado en programación de Basic, en el que se va recreando la figura de la estatua y su comunicación con el mundo divino. La obra muestra la construcción del objeto, en el que cada punto de su composición es recreada gráfica y sonoramente; se realizó sobre la idea de un plano bidimensional en la pantalla en el que cada punto es asignada a un espectro de más de 12000 frecuencias independientes y en el que el registro tímbrico se transforma sobre el avance del tiempo en un periodo del día simulado de 24 horas. Duraba casi 17 minutos y la partitura (si la podemos llamar así), estaba impresa en una impresora de matrix de punto. Luego de dar estreno a mi obra, Martha Rodríguez –una de mis más queridas y recordadas maestras–, me abrió las puertas a entender que lo que estaba creando respondía a una corriente en el mundo que para mí era desconocida; me ilustró sobre varios referentes de la música electrónica, en relación con lo que había percibido en mi trabajo. Me habló de compositores colombianos de vanguardia como Juan Reyes y Mauricio bejarano y me motivó a seguir investigando sobre el tema. Anécdota: el año pasado fui invitado como conferencistas a Chile; precisamente por estar en este país y dado que uno de los temas que estábamos presentando sobre el cambio climático y nuestro papel de responsabilidad ante el planeta, presenté la obra en una de las conferencias en Santiago, en el Congreso Internacional de Juventudes Científicas frente a intelectuales, investigadores, junto a artistas y científicos de diversos lugares del mundo: quedaron conmovidos. Una creación de 1986, tuvo un impacto que no hubiera imaginado… especialmente porque denuncia nuestra actitud irresponsable ante el planeta tierra; nunca sabes cuando algo que creas puede tener impacto en otros. Actualmente, continúo usando programas y hardware de esta época, tecnología analógica, software y computadores de 8 y 16 bits, junto con nuevos programas y tecnología; creo que es fundamental integrar la tecnología, los conceptos, las técnicas. Cometemos un gran error cuando desechamos, cuando no apropiamos y aprovechamos al máximo formas de conocimiento; de igual manera, cuando no las integramos con nuevas tecnologías y técnicas.

-¿Has encontrado más compositores que hayan realizado búsquedas similares?

Muchos, por ejemplo, en el documental *Europa en 8 bits*[53] pude reencontrarme con muchos niños que en mi época disfrutaban de los computadores de 8 bits y de los primeros videojuegos, de las máquinas recreativas. Para mi sorpresa, mucho de lo que hacía a finales de los años 80s se convertiría en una corriente con muy diversas variantes en el campo de la música electrónica. Muchos de los compositores de géneros como la Demoscene, 64 k, Mods, los que usaron en su momento los chips Pokey de Atari y Sid (6851) de Commodore, se convertirían en compositores de nuestro tiempo de muchas variantes de estos géneros entre las que reconocemos tanto la música de videojuegos, la música de 8 bits, la música electrónica. Muchos de ellos siguen experimentando y generando corrientes alternativas que en nuestros países no son muy conocidas pero que en Europa son muy importantes. De hecho puedes ver experimentos de todo tipo, como una corriente que cada vez toma más importancia en la que las máquinas de

---

[53] "EUROPE IN 8 BITS" es un documental de Javier Polo que explora el mundo de la música chip, una tendencia musical que reutiliza hardware de videojuegos antiguos como GameBoy, NES, Atari ST, Amiga y Commodore 64.

juego de generaciones anteriores son transformadas en instrumentos musicales. Es sorprendente lo que una Nintendo 64 o un Game Boy con teclado y controlador midi puede hacer. Lo que siento, es que cuando experimentaba en Colombia inicialmente con estos lenguajes, tal vez era el único "compositor" o creador de este género; con el tiempo me di cuenta que al menos en el mundo no era de los únicos. Esa lógica de la máquina y la producción sonora es un nuevo tipo de encuentro con lo estético y un acto de rebeldía que hoy en Europa y otras partes del mundo se vive haciendo fusiones con todo tipo de máquinas y nuevas formas de creación sonora. Me emociona escuchar hoy a estos compositores, hablar sobre lo encantador del sonido de una computadora de 8 bits... lo maravilloso que puede resultar del sonido de la máquina en su forma más pura. Para la mayoría de los artistas musicales en nuestro tiempo esto puede sonar irrisorio... pero soy de esa generación que desde muy pequeño creció con el sonido de osciladores de onda cuadrada y dinámicas de 1 a 8 bits.

-¿Cómo integraste esas búsquedas con tu trabajo?

En 1997 yo trabajaba como ingeniero en estudios de grabación, hacía composición y desarrollaba sistemas de automatización digital. Allí empecé profesionalmente a integrar mucho de lo que había desarrollado en Europa y en mi época de adolescencia. Uno de los escenarios que me permitió explorar y en el que tuve gran libertad para ello fue un centro interactivo para el desarrollo de la ciencia y el arte, en términos de interacción: *Maloka*[54]. Esta época, tuvimos un buen director ejecutivo en la Filarmónica de Bogotá, con pensamiento flexible y amplio, que aceptó de muy buena manera mi intención de hacer los conciertos más accesibles para niños y para cualquier tipo de público y de ampliar el horizonte de la música académica. Los integrantes de la orques-

---

[54] Maloka es un parque temático interactivo sobre ciencia y tecnología, ubicado en Bogotá, Colombia. El sitio abrió sus puertas el 6 de agosto de 1998.

ta se mostraban reacios a los cambios pero, poco a poco, fuimos implementando ideas nuevas. Para nosotros, lo fundamental, más que explicar que era una obertura o una sinfonía, era la motivación; enamorar al público; y precisamente la interacción del arte y la ciencia, la inclusión de la tecnología y nuevos medios, se convertirían en un muy buen camino y una alternativa valiosa en la integración del pensamiento complejo a la cotidianidad de nuestros niños y maestros en Bogotá.

-¿Y cuál es la relación que encontraste entre los complejos musicales y el cerebro?

Parte de alguna manera de la definición de un sistema complejo: el resultado de la suma de las partes es mucho más que las partes individuales. El renacimiento es el mejor ejemplo. El conocimiento no estaba separado en categorías o formas... se integraba y lograba procesos de interlocución; el resultado de esto, era una gran riqueza en el conocimiento al tener diversas formas de interpretación de la realidad. Por esta lógica, que en particular me ha acompañado toda la vida, el acercamiento entre la ciencia y el arte, fue algo muy natural; y dada mi fascinación ante la ingeniería, la programación, la inteligencia artificial, el cerebro, su relación con el arte y en particular la música, era inevitable

Cuando estudiaba Ingeniería de sistemas, encontré que el cerebro aplicaba algoritmos de programación biológica y quedé sorprendido. El tema me apasionó y comencé a investigar y desde entonces sería un tema siempre presente en mi vida, el estar vinculado con la neurociencia.

En Maloka otro tema que abordamos y relacionamos entre la música y la ciencia fue el aspecto tecnológico. Exploramos la física del sonido y sus diversos campos de aplicación, interconectándolo con otras áreas del conocimiento, como la biología y la neurociencia. Estudiamos las investigaciones de Oliver Sacks sobre enfermedades mentales y parálisis cerebral, donde sugiere que los problemas mentales son, fundamentalmente, problemas de ritmo[55]. Tiempo después escucharía al Dr. Rodolfo Llinás plantear en nuestro primer Con-cierto Cerebro, cómo las enfermedades mentales son disritmias en diversas áreas de la corteza cerebral o en el tálamo cortical; en esencia un problema de la ritmicidad cerebral manifestado en dificultades de comunicación entre la corteza y el tálamo.

En "Despertares"[56], un documental de las investigaciones de Oliver Sacks, se narra su experiencia médica mostrando, entre sus resultados producto de su experimentación e investigación, el seguimiento que algunos de sus enfermos hacían ante patrones de carácter regular y cómo estos generaban una respuesta que inducía a la acción y a la activación motora.

-¿Cómo ha sido la experiencia de trabajar con científicos como el Dr. Rodolfo Llinás y el Dr. Roberto Amador?

Ha sido profundamente enriquecedor. Comenzamos con un proyecto llamado "Cerebrarium", que buscaba posicionar a Bogotá como la ciudad del cerebro. En varios de nuestros encuentros, en una conversación con el Dr. Llinás plantee una de mis ideas: "por años, en mi trabajo con la OFB, he observado y percibido, diversos tipos de relaciones entre una orquesta y el funcionamiento del cerebro; un sistema complejo que tiene muchas partes que se integran y que generan un acto global de conciencia llamado música; de igual manera, haciendo una analogía entre los dos sistemas, el tálamo cortical cumple las funciones del director de orquesta, el concertino o el solista se ubican en el área donde se encuentra el área prefrontal, la percusión se ubica en el lugar ocupado por el cerebelo, el área de broca en el lugar donde se ubica el

---

[55] Oliver Sacks (1933-2015). Neurólogo y escritor británico, aficionado a la química y divulgador de la ciencia.

[56] Awakenings (Despertares), 1974, de Duncan Dallas. Documental inspirado en la vida de Oliver Sacks.

oboe. Curiosamente, existen muchas analogías entre su posición y su función, tanto a nivel cerebral como musical"; el Dr. Llinás, sorprendido, nos hizo una propuesta, debíamos llevar esto a escena. Luego de trabajar unas horas más con Roberto Amador y Sigrid Falla, nacería la idea de nuestro primer Con-cierto Cerebro a realizarse semanas después con la Filarmónica de Bogotá.

Luego de esta primera experiencia, comenzamos a trabajar y buscar relaciones que permitieran esta articulación alrededor del arte y la ciencia; años de trabajo en el que hemos realizado cientos de puestas en escena en los más diversos contextos. En la Universidad Nacional con el proyecto Cerebrarte del Dr. Roberto Amador, en la OFB con el proyecto Malets Pedagógica, y la creación de diversos proyectos como la música del genoma, la música del carbono entre muchos otros.

Con Con-cierto Cerebro, logramos desarrollar una metodología de trabajo muy particular: la articulación de la ciencia y el arte como una estrategia de comunicación y apropiación del conocimiento en un nuevo contexto. De igual manera, el encuentro arte y ciencia, con las posibilidades de generar nuevas áreas de conocimiento y una línea experimental en el campo de la pedagogía, de la construcción artística y la difusión científica.

Figura 54. Conversación con el Dr. Rodolfo Llinás.
Fuente: archivo de Edgar Leonardo Puentes.

De igual forma, con Con-cierto Cerebro y otros montajes como el Neurofashion, el Bachllenato, La Música el Genoma entre otros, hemos realizado más de 150 presentaciones a nivel nacional e internacional, participando en congresos para el desarrollo del talento en la niñez, formación de maestros, difusión de carácter científico, entre muchos otros modelos.

-Pero, ¿Cómo es que funciona el cerebro cuando escucha música? ¿Hay caos allí o se trata de orden y configuración?

Nuestra percepción del mundo es increíblemente limitada, como seres humanos; percibimos el universo a través de un espectro muy limitado de nuestros sentidos; sin embargo, contamos con un cerebro muy bien desarrollado para lograr organizar ese entorno increíblemente complejo. Hoy sabemos que cuando escuchamos una obra musical, respondemos a una activación de carácter externo que logra un cierto tipo de conexión cerebral: el núcleo caudado, el área prefrontal, el área de Wernicke, el área de broca, la memoria asociativa, el hipocampo, el cíngulo anterior, el cerebelo, la interconexión hemisférica entre muchas otras áreas. Es la recreación de estados mentales en escenarios infinitos. La música y la danza, exigen al cerebro a niveles mucho mayores que otras áreas del conocimiento: las implicaciones de activar áreas de carácter cognitivo, sensible, perceptual, emocional, motor. Nada exige más al cerebro que el arte.

También tenemos neuronas espejo, qué nos sirven para aprender a partir del otro, mediante la observación. El cerebro debe *inventarse* una realidad para poder aprender a operar dentro de su limitado espacio de percepción. Eso lo podemos observar, fácilmente, en el comportamiento de un bebé. Su cerebro, inicialmente no tiene control de muchas de las funciones corporales. El cerebro evolucionó con el propósito fundamental de organizar el movimiento, generar control a nivel motriz, muscular, nervioso… es el perfeccionamiento permanente en el desarrollo de un sistema de control sobre el cuerpo en todas sus dimensiones.

Nuestros antepasados aparentemente evolucionaron de primates pequeños sin ninguna característica física sobresaliente. Fue a través del desarrollo del cerebro, el pensamiento social, el desarrollo de estrategias de grupo, el cambio de mirada, la liberación de las extremidades posteriores y su consecuente evolución en las manos, el desarrollo y uso de herramientas entre otros cambios, los que determinaron el poder y la transformación del homo sapiens. El arte surgiría como un sistema de comunicación de alta sofisticación, junto con su poder de establecer vínculos complejos a nivel social.

En este sentido aparentemente, los sistemas sociales evolucionaron con límites y con sistemas de control. Las investigaciones de primates muestran que cuando se supera el número de integrantes de un grupo en más de 10 a 12, este se vuelve incontrolable En este sentido, el ser humano desarrollo a través del pensamiento y el cerebro, sistemas de control ante números mayores de individuos como la política, la religión, la filosofía, el arte. En el contexto humano, nuestro cerebro evolucionó dándonos la capacidad de entendernos, comunicarnos y alterar los principios esenciales de nuestra propia biología.

Dentro de esa lógica, el doctor Yuval Noah Harari[57], investigador de la Universidad de Oxford, en una de sus publicaciones resultado de sus investigaciones de doctorado planteó la técnica de cuchicheo, el chisme como una estrategia de alianza y cohesión social, que permitió a nuestra especie superar a otros primates; sería esta técnica específica de nuestra especie la que llevaría a otras especies a su extinción y nos colocaría en un lugar de privilegio en la cadena evolutiva. Desafortunadamente, esta técnica todavía presente en nuestra especie, nos ha conducido a un proceso de autodestrucción y autoeliminación; como

---

[57] Yuval Noah Harari. Historiador y escritor israelí. Entre sus obras se encuentran *Sapiens: De animales a dioses, Homo Deus: Breve historia del mañana* y *21 lecciones para el siglo XXI*.

lo plantearía el Dr. Rodolfo Llinás, nuestro cerebro sigue siendo muy joven y los efectos de esto, es casi este comportamiento de adolescente inmaduro que ha puesto en riesgo la preservación de nuestra especie.

-Con relación a la creatividad, ¿cómo se manifiesta? ¿De dónde proviene?

La historia ha demostrado la importancia de la creatividad en el desarrollo evolutivo tanto en el ser humano como a través de las diversas manifestaciones de la vida en el mundo animal y vegetal. Las diversas especies desarrollaron áreas particulares del cerebro que privilegiaron la flexibilidad y la capacidad de adaptación como forma de supervivencia, donde la creatividad jugó un papel fundamental.

La biología ha demostrado la importancia de la creatividad en el desarrollo de estrategias de apareamiento, de la compleja relación entre los machos y hembras en las diversas especies y en los roles de seducción como estrategia de supervivencia y determinación en el fortalecimiento de las especies; un buen ejemplo de esto son las pérgolas, una especie de ave, en la que los machos desarrollan el *arte* de diversas maneras como la sofisticación en el diseño y construcción de los nidos, la forma en la que decoran pintando sus accesos, la disposición de objetos variados en el territorio seleccionado junto con la ubicación y posicionamiento de los mismos con propósitos decorativos y las hembras, a su vez, privilegian la innovación y la originalidad; solamente a partir de ser altamente creativos las hembras fijan su atención en ellos. Los investigadores plantean que este proceso denota una forma de selección natural que contribuye en el mejoramiento de la especie. El proceso culmina cuando el macho danza para impresionar a la hembra; ella determina su pareja a partir de la presteza y la innovación que manifieste a través de la danza. Sin embargo, este comportamiento no es exclusivo de las pérgolas; muchas otras aves poseen comporta-

Figura 55. Acompañado de amigos y del músico y astrofísico Brian May. Fuente: archivo de Edgar Leonardo Puentes.

mientos similares donde la inteligencia se manifiesta a través del *arte*: el canto, la danza, la escultura, la pintura, entre otros juegan un papel fundamental en los procesos de apareamiento. Estudios como los de Nikolas Timbergen[58], entre otros, han demostrado que la creatividad y el arte son estrategias manifiestas del pensamiento funcional.

Basado en estos y otros procesos de investigación en los que se resalta el poder y la importancia del arte en el pensamiento animal, planteamos con el investigador colombiano Roberto Amador ideas como: la creatividad, sinónimo de pensamiento eficiente. Esto se manifiesta en las diversas áreas del conocimiento: la música, la biología, la física, la matemática, la astronomía; la creatividad aplicada en ellas en especial en el campo de la experimentación y la investigación, generan procesos de alta eficiencia como puede observarse en los trabajos de científicos y artistas como: W. A Mozart, Albert Einstein, Galileo Galilei, Charles Darwin, por citar algunos.

---

58 Nikolas Timbergen Conrad Donnell (1907-1988) fue un zoólogo neerlandés pionero en el campo de la etología.

Entre los más destacados ejemplos, resalta la investigación del etólogo Karl Ritter Von Fritch, ganador del Premio Nobel de Medicina en 1973, quién demostró la importancia de la danza de las abejas en un contexto funcional. Resalto en sus investigaciones cómo, a través de esta, las abejas pueden transmitir información a otros miembros de la colmena sobre la fuente del alimento, señalando dirección y distancia pero, además, determinando procesos complejos como la posición del sol. Curiosamente, el ser humano aplica, en algunos campos del conocimiento, conceptos donde se relaciona de manera directa la estética, la belleza y la sofisticación, como patrones de identificación funcional: "Para que un avión vuele bien, tiene que ser estéticamente bello", mencionó en alguna ocasión Marcel Dassault, famoso creador de los aviones Bloch mb 152 y 155, así como del Mirage, entre otros. Esta idea prevalece en muchos diseñadores aéreos; de hecho, cuando voló un famoso avión por primera vez: El MD F4 Phantom II, los pilotos pensaban que volaba mal... la razón: el avión, teóricamente, era muy feo (uno de los primeros pilotos que lo voló lo definió como un ganso feo y gacho, con la cola desplumado; otro pensó, que se lo habían entregado al revés). En otras áreas del diseño como el automotriz, Ferrari, Lamborghini y Lancia destacaron la importancia de la belleza y del diseño como un distintivo funcional igual de importante que el desempeño y la velocidad.

Una lógica similar y con otras características podría aplicarse en campos del arte como la música: por ejemplo, la depuración de una obra implica la simplificación de elementos. En determinado momento el compositor desecha lo que, a su criterio, sobra. El cerebro se ha desarrollado con la capacidad de funcionar con el mínimo de herramientas y optimizar el uso de las mismas. "Tenemos cerebro para movernos de manera inteligente" mencionaba en alguna ocasión Rodolfo Llinás; esto se refiere a encontrar el camino más óptimo en la solución de problemas, es decir, el desarrollo de mecanismos eficientes para su funcionamiento. De hecho, la creatividad en el cerebro se identifica con un sistema conocido como *Modo Default* (Red Neuronal por Defecto); en este el cerebro genera un proceso de ensimismamiento y, literalmente, desconecta muchos de los sistemas funcionales cotidianos para concentrar la capacidad del sistema en los procesos creativos. Para complementar y optimizar los resultados, el cerebro desarrolla respuestas relacionadas con el placer y la satisfacción; la percepción estética y la capacidad de juicio y respuestas en el placer enfatizan por lo general, la funcionalidad y refuerzan los procesos que llevan a la consecución de resultados.

No es casual que, tras una presentación, al recibir el aplauso, el artista sienta satisfacción. Es gracias al estado dopamínico con el que disfrutamos los estados placenteros de la vida. Las personas con una gran capacidad de imaginar y con un estado superior a lo que los demás hacen, son las que tienen mejores resultados. Por eso apreciamos a los artistas y los científicos. Ser creativo se trata de imaginar y descubrir lo que otros no ven. Si revisamos la historia, muchas personas han tratado de potenciar la creatividad, incluso, con el uso de sustancias alucinógenas. Desde el uso de la ayahuasca y otras plantas alucinógenas en las culturas indígenas, hasta el uso de drogas como el LSD y muchas otras por artistas y público en las décadas de los sesentas y setentas.

-¿Cómo percibes la complejidad de la música?

La música posee diferentes grados de complejidad y la percepción juega un papel fundamental en como la comprendemos en el contexto del tiempo: algo que nos gusta y parece interesante en un momento, en otro instante puede parecernos insulso y sin sentido. Cada género, artista, forma, momento histórico, han determinado variables fundamentales en la composición y la creación, enfatizando elementos y aspectos específicos de su conformación. Podemos escuchar una canción de Fito Páez[59], una obra de David Bennett[60], una fuga o los conciertos brandemburgueses de Bach y percibimos en cada una de ellas diversos grados de énfasis y complejidad; el elemento que determina su trascendencia se da en la capacidad de innovar y crear algo relativamente nuevo. Los grandes compositores, son aquellos que han marcado huella a partir de determinar un nuevo camino, de plantear una nueva idea, un nuevo modelo de composición, la transformación de un concepto o una estructura. Por ejemplo, si miramos la música hecha con el lenguaje de 8 bits es posible percibir cambios fundamentales en la producción sonora en el contexto y forma de composición, en el desarrollo de la secuencia y en su adaptación a un lenguaje visual como sucedió en el mundo de los videojuegos. El arte y la música no son la excepción, la complejidad está profundamente relacionada con la biología, con el desarrollo funcional de las manifestaciones expresivas, con la capacidad de explorar y plantear mundos posibles no descubiertos, en ello radica, en gran manera, su belleza.

-¿Han hecho otros proyectos que relacionen la música con otras áreas?

Varios. Luego del con-cierto cerebro construimos otros planteamientos como *la música del genoma*, experimento científico y artístico en donde se explican los principios fundamentales del ADN desde el contexto musical. Así, recreamos una vacuna con música: en un acto literal tomamos su estructura a partir de la secuencia, definimos los tipos de procesos aplicados para el de-

---

[59]   Rodolfo Páez, más conocido como Fito Páez es un cantautor, compositor, músico y director de cine argentino, integrante de la llamada trova rosarina, y uno de los más importantes exponentes del rock argentino. Además de su carrera como músico ha incursionado como cineasta, guionista y novelista.

[60]   Tony Bennett nombre artístico de Anthony Dominick Benedetto. Cantante estadounidense de origen italiano. Su repertorio se basa en estándares o canciones clásicas de la música popular, mayormente baladas y jazz.

sarrollo de la vacuna sintética y lo traslapamos al lenguaje musical. De esa forma, estructuramos una metodología de secuenciamiento genético a partir de la secuencia, el lenguaje musical. Posteriormente, hicimos el *Neuro-Fashion* y la pasarela del conocimiento en la que planteamos qué ocurre en el cerebro cuando nos expresamos a través del arte en sus diversas manifestaciones; de hecho, claramente pudimos manifestar como a través del arte, se expresan diversas formas de conexión cerebral; dicho de otra manera, el arte es una forma de estructurar e interconectar el cerebro. El siguiente año hicimos *Neuro-economía* para explicar el capitalismo estableciendo relaciones entre el funcionamiento del cerebro, un experimento en el que se suprime la capacidad de identificar el estado de saciedad en una mosca drosófila y el pensamiento de un director de orquesta. Actualmente, estoy trabajando en un proyecto llamado *la música del sistema solar,* con información suministrada por la NASA, en la que busco desarrollar una "huella digital" del sistema solar con música y a la vez crear un método de mapeo geológico con la técnica utilizada por los Luthiers y creadores de sonidos de carácter electrónico.

-¿Por qué a los humanos nos gusta el arte?

Lo artístico está relacionado con la vida cotidiana. De alguna manera, es la representación de la vida en otros escenarios que plantean el rompimiento de rutinas y formas convencionales: Si bien las rutinas son formas de pensamiento y estructuras necesarias para el funcionamiento de un sistema social y colectivo, no son estructuras que manifiesten el verdadero potencial en el contexto de la complejidad de la mente humana. El sistema político, social y económico en el que hoy gran parte de la humanidad está inmersa ha determinado formas de vida que nos alejan de nuestro verdadero potencial y capacidad creadora. Desde mi punto de vista, actualmente, estamos inmersos en una sociedad enferma, en la que privilegiamos actividades esclavizantes que agobian a la gente y que niegan la posibilidad de desarrollar un pensamiento creativo. No hay nada peor que la rutina en un sistema complejo como el que somos. En esta sociedad, puede ocurrir que una persona a los 60 años ya quiera partir, simplemente, porque a través de su vida no pudo explorar su creatividad, dar rienda suelta a su imaginación. El arte y el pensamiento artístico, está relacionado con la construcción del espacio, Por ejemplo, cuando yo era pequeño y salía de viaje con mi familia, las experiencias eran fantásticas: un viaje de cuatro horas en auto, para mí, se trataba de una distancia larguísima. Al pasar el tiempo, cuándo viajé por primera vez a Londres, en un vuelo de 14 horas atravesando el Atlántico, me di cuenta de una nueva dimensión del espacio y el tiempo. Viajar es tan importante como componer o crear, es la superación de los límites; son procesos que permiten ampliar los conceptos de espacio y tiempo, imaginar y entender un universo cada vez mayor e ilimitado. Si bien, en la naturaleza podemos ver patrones de organización, justamente, los cambios que se salen de la rutina son los que hacen más interesante el sistema. Las pequeñas variables de lo que llamamos imperfección, son las que hacen que uno valore o no algo. Los seres humanos no somos perfectos, somos caóticos.

Otro trabajo que realicé en el contexto de investigación y experimentación, fue la recreación del canto de apareamiento de los Tyranosaurio Rex. Basado en investigaciones científicas realizadas por Julia Clarke de la Universidad de Texas y otras investigaciones, recree en estudio los patrones vocales de este dinosaurio junto con sus posibles cantos de apareamiento. Su sonido curiosamente, no se parece en nada a lo que Spielberg nos contó a través de la saga Jurassic Park; más se parece al gorgojeo de gallinas o palomas con la única diferencia que se generan en espectros de baja frecuencia lo que crea un sonido ciertamente inquietante y de un nivel de amplitud mucho mayor; pero es obvio, que este sonido en el contexto del cine no generaría el pánico y terror que un oyente y cineasta estarían esperando en una película de este orden. La estrategia usada por los compositores y los diseñadores de sonido, es en ocasiones exagerar las características de la fuente sonora, los niveles de sus señales, los patrones rítmicos, las fuentes desde donde se genera el sonido.

Además de modificar los patrones, los compositores deben tener claro por qué y para que de una alteración o modificación. La estructura sonora en todas sus dimensiones, está íntimamente ligada con la respuesta emocional, un proceso que se ha definido y depurado por millones de años de adaptación y evolución biológica. Es por esto, que una vez se supera la ausencia del sonido en el cine, un tema fundamental de trabajo sería el diseño de sonido; ejemplos como el Acorazado Potenkim o King Kong, nos muestran el efecto ante el público: literalmente la gente salía despavorida de los teatros: jamás habían escuchado algo así. La música al igual que el arte, al igual que cualquier actividad cerebral posee un muy alto componente emocional; investigaciones en neurociencia, han demostrado que en la construcción melódica en el cerebro, se activan áreas similares y se generan respuestas similares a los patrones de jugadas en una secuencia de ajedrez o al sistema de detección de rostros. La música y el arte, en general, son modelos refinados del sistema de reconocimiento emocional; dicho de otra forma, el arte y la música sin duda son sistemas que generan modelos particulares de conexión en el cerebro humano, que enriquecen, modulan y depuran los sistemas de interpretación e identificación, del mundo que nos rodea. Mientras tus emociones estén más depuradas y evolucionadas vas a tener una mejor interpretación, una mejor comunicación con el entorno.

¿Cómo es la música que haces actualmente?

La obra que trabajo actualmente se basa en información recolectada y almacenada por la NASA a través de varias de sus misiones. En esencia es un proyecto, en el que busco recrear el viaje imaginario de Carl Sagan a través del sistema solar, representado en música y sonido. El proceso, busca representar el sonido de cada uno de los planetas y sus satélites, basados en su estructura interna; es un proceso que busca recrear tímbricamente a cada uno de los planetas y sus satélites. Utilizo diversos métodos entre la recreación de algoritmos de alto nivel hasta su representación a través de la metodología utilizada tanto en la creación de instrumentos análogos como digitales. Durante estos años, he realizado varios experimentos como la Música del Genoma, la Música del Carbono; como por ejemplo, poder representar secuencias de nucleótidos a través de una secuencia musical y como transpolar la metodología de síntesis usada en una vacuna, en el contexto musical: FM, AM, Interpolación, Síntesis granular por citar algunas líneas que he explorado en la composición.

De igual forma, realizo piezas tradicionales; me gusta componer música experimental de cámara, música electrónica con sistemas modernos y antiguos, como por ejemplo Mods utilizados en los Trackers de los años 80 en máquinas como Commodore Amiga, Atari ST, música conceptual electrónica desarrollada por programación en C y otros lenguajes en sistemas de 8 bits como Atari XE y Commodore 64. No existe nada más interesante desde el espíritu creativo que poder integrar herramientas con énfasis tecnológicos variados, con interfaces y fuentes de construcción sonora diversas. Si vas a mi estudio, te sorprenderías de la increíble variedad de sistemas de producción sonora, sistemas de grabación analógicos y digitales en diversos formatos, micrófonos, procesadores, sintetizadores, instrumentos... nunca desecho nada, al contrario, busco integrarlo en un universo cada vez más complejo que inspire a la creación y la composición desde la más amplia diversidad.

-¿Cuál es tu consejo para profesores y estudiantes de música?

Como maestros, tenemos la misión fundamental de apoyar a nuestros estudiantes en el desarrollo de un pensamiento crítico, a desarrollar la capacidad de pensar y entender el mundo que les rodea; por otro lado, a través del arte es posible incentivar a la capacidad expresiva y al desarrollo de un sentido profundo desde la sensibilidad y la estética. Si estamos en capacidad de superar nuestra mente más primitiva, el ego, si somos capaces de integrar nuestras habilidades y potenciales como individuos, posiblemente lograremos superar este momento relativamente joven en la historia evolutiva del ser humano y estaremos preparando a una nueva generación con capacidades necesarias para el mundo que enfrentamos hoy; una generación capaz de apreciar la vida, de apreciar el conocimiento, capaz de entender y posibilitar los encuentros como seres sociales, capaz de establecer vínculos profundos y significativos con el universo que nos rodea.

Es el arte, a mi modo de ver, una de las estrategias fundamentales en el desarrollo de la capacidad expresiva, el vehículo que habilita y posibilita el pensamiento social, la herramienta que enfoca y empodera el pensamiento crítico con un profundo sentido holístico y trascendente; si logramos que la experiencia de nuestros estudiantes esté permeada, inmersa en la experiencia artística, en la exploración de la ciencia, en la capacidad de generar procesos de entrecruzamiento entre estas dos áreas pero además, en la creación de nuevas formas de conocimiento; si propiciamos encuentros con prácticas diversas entre ellas conocimientos ancestrales, conocimientos propios de comunidades hoy distantes como son las indígenas, si creamos lazos desde la práctica y la experiencia con la naturaleza, si propiciamos el encuentro y el trabajo en grupo, en equipo, seguramente estaremos contribuyendo a una mejor educación

El día que nuestra educación valide la diversidad y la diferencia como dos formas fundamentales de relacionamiento con el mundo que nos rodea, ese día seguramente habremos dado un paso hacia adelante en la construcción de una sociedad constructiva, creativa y con una profunda capacidad de integrar y construir hacia el futuro.

AGRADECIMIENTOS

A mi admiradísimo profesor y amigo Avelino Niño Rodríguez, músico, filósofo y hombre sabio, por escuchar, por su ayuda incansable, por mostrarme mundos que antes no conocía; sin él no hubiera podido desentrañar y comprender las formas misteriosas de cómo operan la complejidad, el caos y la vida misma. A mis profesores de la maestría, en especial a Alejandro Iglesias Rossi, compositor visionario y luchador, y a los compositores Federico Martínez y Julieta Szewach. A la gran músico Diana Ramírez, por su colaboración y su amistad. A Johanna Bohórquez por sus opiniones y consejos. A Edgar Leonardo Puentes por compartir sus hazañas entre la ciencia y el arte. Al compositor Rodolfo Acosta por introducirme en su apasionante visión de la composición musical. Al maestro Jorge Castillo por revelarme el alucinante mundo de la música de síntesis. Al físico Luis Hernando Cárdenas, por sus aportes en esta área. Y a mi compañero de trabajo, docente Jeison Germán Méndez, por sus charlas y su punto de vista filosófico. A la señora Martha Alicia Vargas por su entregada lectura y sus impecables y pacientes correcciones. A los maestros Fabio Ernesto Martínez y Juan Camilo Molina por su dedicación y sus palabras y, por supuesto, a mi madre Berenice, mis hermanas Carolina y Luz Dary por su apoyo y amor incondicional, son la luz dentro de mí caótica existencia.

CONTENIDO

Pedagogo musical de la Universidad Pedagógica Nacional, Magister en Creación Musical, Nuevas Tecnologías y Artes Tradicionales de la Universidad Tres de Febrero de Buenos Aires, Argentina, ciudad dónde realizó estudios de Grabación, mezcla y mastering. Docente de música en colegios de la Secretaria de Educación de Bogotá, del Gobierno de la Ciudad de Buenos Aires, así como de Artes Musicales, Guitarra e Investigación de la Universidad Distrital de Bogotá. Obtuvo Mención de honor en el premio "Compartir al maestro 2014" por su proyecto "Notas de Paz" con estudiantes de bachillerato. Ha sido ponente en el Encuentro Internacional de Educación del Instituto Pedagógico Nacional (2017) y del II Congreso Internacional de Educación Dokuma (2018). Su trabajo como educador fue reconocido en el Festival Artístico Escolar 2011 y 2014; recibió placa de la alcaldía de Kennedy y la Secretaría de Educación, labor destacada en el libro Caminos hacia la paz desde las escuelas (UPN, 2018).